PRENDRE EN MAIN SON DESTIN

« GUIDE POUR S'AIDER SOI-MÊME »
DÉJÀ PARUS

Accepter son corps et s'aimer.
François Nef, Emmanuelle Hayward.
Affirmez-vous ! Pour mieux vivre avec les autres.
Dr Frédéric Fanget.
Bien se soigner avec les médicaments psy.
Dr Antoine Pelissolo.
Bien vivre avec des acouphènes.
Dr Philippe Peignard.
Bien vivre son homosexualité et réussir son coming-out.
Dr Béatrice Millêtre.
Bon stress, mauvais stress : mode d'emploi.
Dr Frédéric Chapelle, Benoît Monié.
Borderline. Retrouver son équilibre.
Dominique Page.
Changer dans sa tête, bouger dans sa vie.
Dr Roger Zumbrunnen
Comment arrêter de fumer ?
Dr Henri-Jean Aubin, Dr Patrick Dupont, Pr Gilbert Lagrue.
Comment arrêter l'alcool ?
Pierluigi Graziani, Daniela Eraldi-Gackiere.
Comment ne pas se gâcher la vie.
Dr Stéphanie Hahusseau.
Comment ne pas tout remettre au lendemain.
Dr Bruno Koeltz.
Comment retrouver le sommeil par soi-même.
Dr Sylvie Royant-Parola.
Comment sortir de l'anorexie ? Et retrouver le plaisir de vivre.
Dr Yves Simon, Dr François Nef.
Comment sortir de la boulimie. Et se réconcilier avec soi-même.
Dr François Nef, Dr Yves Simon.
Des hauts et des bas. Bien vivre sa cyclothymie.
Dr Nicolas Duchesne.
Idées noires et tentatives de suicide.
Dr Emmanuel Granier.
J'éveille mon bébé.
Dr Béatrice Millêtre.

Suite en fin d'ouvrage

MAXIM VERBIST

PRENDRE EN MAIN SON DESTIN

Transformer ses faiblesses en sagesses

Odile Jacob

Collection dirigée
par Christophe André

15, rue Soufflot, 75005 Paris

www.odilejacob.fr

ISSN : 1620-0853

ISBN : 978-2-7381-2234-6

La collection « Guide pour s'aider soi-même » est conçue pour vous aider à faire face aux difficultés de la vie quotidienne, mais aussi aux problèmes psychologiques les plus sérieux. Chaque guide répond à vos questions et vous propose des informations pour comprendre ce qui vous arrive (ou ce qui arrive à l'un de vos proches) ainsi que des conseils pour agir au quotidien.

Médecins, psychologues ou autres professionnels de santé, les auteurs sont toujours des spécialistes reconnus et expérimentés du problème abordé. Ils ont déjà aidé de nombreuses personnes dans votre cas à s'en sortir. Et le livre que vous tenez entre les mains a été relu et validé par des lecteurs confrontés aux mêmes difficultés que vous.

Vos réactions à la lecture de cet ouvrage, la manière dont il a pu vous aider, dont vous l'avez utilisé et mis en pratique nous intéressent beaucoup. N'hésitez pas à nous écrire pour raconter votre expérience.

Christophe André

Sommaire

INTRODUCTION *Homo sapiens,* un être qui cherche la complication 13

Test de personnalité 21

PREMIÈRE PARTIE
Exister

Identité : le droit d'être une personne unique 33
Le narcissisme ou la fascination pour soi-même 34
L'extériorisation de la personnalité ou la reconnaissance extérieure de sa différence 38
Rééquilibrer ses difficultés d'identité 42

Respect : le droit d'être différent face à l'autre 49
Le pouvoir ou la capacité d'influencer 50
La méfiance ou les doutes sur l'intention de l'autre 54
Rééquilibrer son respect 58

Vision : le droit de penser différemment 65
La folie ou les déformations de la réalité 66
La loi ou ce qui est juste 69
Rééquilibrer ses problèmes liés à la vision du monde 72

Deuxième partie
Se lier

Sécurité : sa place dans l'environnement 83
La propriété ou l'attachement aux choses 84
La responsabilité ou les conséquences de nos actions sur notre environnement 88
Rééquilibrer sa sécurité matérielle 91

Confiance : sa place dans la relation 101
L'affection ou la conscience de l'intensité émotionnelle 102
L'attention ou le sentiment de responsabilité dans la relation 106
Rééquilibrer sa confiance 110

Intégration : la place dans le groupe 119
L'appartenance ou le sentiment d'être inclus dans son groupe 120
Le civisme ou le sentiment de responsabilité face au groupe 124
Rééquilibrer son intégration sociale 127

Troisième partie
Entreprendre

Ambition : entreprendre pour soi-même 135
L'enthousiasme ou être convaincu de ses possibilités de réussir 137
Le bénéfice ou la récompense tirée de l'action 140
Rééquilibrer son ambition 143

Complicité : construire à deux 153
La consistance ou l'énergie investie dans la relation 154
Le leadership ou la question de celui qui propose l'activité 157
Rééquilibrer votre complicité 161

Idéal : les projets au niveau mental 167
La foi ou l'adhésion émotionnelle au projet 168
La créativité ou la capacité de construire soi-même un projet 172
Rééquilibrer son idéal 175

Conclusion **Au-delà de la psychologie** 181

Annexe **Techniques thérapeutiques transversales** 187
Fiche thérapeutique 1 187
Fiche thérapeutique 2 190
Fiche thérapeutique 3 192
Fiche thérapeutique 4 196

Bibliographie 197

Pour rendre à César... 199

Introduction

Homo sapiens, *un être qui cherche la complication*

Un homme d'affaires de passage dans un minuscule port de plaisance interroge un modeste pêcheur sur ses activités quotidiennes.
« Je vais à la pêche tous les jours. Quand j'en ai attrapé un gros, je rentre au port, je le vends puis je passe ma soirée à jouer de la musique et boire un verre avec mes amis. »
Après quelques minutes passées à réfléchir, le businessman regarde le pêcheur droit dans les yeux et lui annonce :
« Écoute, j'ai un plan pour toi ! Si, au lieu de pêcher un gros poisson par jour, tu en pêchais deux, tu pourrais faire des économies pour t'acheter un meilleur bateau. Avec une embarcation plus pratique, tu pourras ramasser bien plus de poissons et enfin engager des employés. Bien entouré, tu vas alors démultiplier ton bénéfice et le réinvestir dans l'achat d'autres bateaux pour te mettre à la tête de toute une flotte. Ensuite, tu pourras orienter ton capital vers l'achat de pêcheries et de circuits de grande distribution. En seulement deux, trois décennies, tu seras à la tête d'un empire. »
Impressionné par ces perspectives d'avenir, l'humble pêcheur demande ce qui se passera lorsqu'il aura accompli toutes ces choses.
Son interlocuteur lui sourit et lui répond :
« Tu seras devenu tellement riche que tu n'auras plus besoin de travailler et tu pourras enfin passer toutes tes journées à pêcher et à jouer de la musique. »

S'il existe une caractéristique principale propre à notre espèce, c'est probablement notre prodigieuse capacité à nous inventer des problèmes.

Se pencher sur ce phénomène tragi-comique, c'est tenter de mettre le doigt sur ce qui est sans doute la motivation la plus puissante et la plus mystérieuse qui anime notre espèce. Commençons par nous demander à quoi ressemblerait notre existence si cette tendance n'existait pas.

L'existence comme un bon film

Imaginons un instant que nous nous retrouvions dans un magasin de location de DVD à la recherche d'une comédie romantique à visionner tout en engloutissant distraitement une pizza surgelée. Machinalement, vous saisissez un film inconnu où figurent des acteurs que vous appréciez. Vous tournez la pochette afin d'y lire le synopsis suivant :

> **« Paul et Charlotte font connaissance dans un bar. L'attraction étant mutuelle, ils décident de sortir ensemble, puis de se marier et fonder une famille heureuse. »**

Loueriez-vous ce film ? Certainement pas ! La simple lecture du synopsis est d'un ennui à se décrocher la mâchoire de bâillements. N'importe quel scénariste vous le dira, pour qu'il y ait une histoire, il faut qu'il y ait un problème. Mettons que Paul passe alors ses dimanches habillé en Drag-Queen dans des maisons pour personnes âgées ou que Charlotte ait un « ex » extrêmement jaloux et violent qui a déjà jeté trois soupirants en pâture à sa meute de chihuahuas enragés. Là, il y aurait enfin un peu de suspense !

Le bonheur linéaire est ennuyeux comme la pluie et, si nous en rêvons tous, personne ne serait capable de le supporter plus de quinze jours sans être assailli par des envies de tout envoyer promener.

Donner du sens, donner du goût à sa vie

L'être humain n'est pas fait pour le tranquille et le bien rangé : il lui faut sa dose de conflits et de chaos pour se sentir vivre. Sans cela, nous sombrons dans la routine et dans l'ennui.

S'il n'a pas le temps de s'inventer des maladies mentales en période de guerre et de danger véritable, ces affections foisonnent. En revanche, en période de paix, comme si l'absence de chaos à l'extérieur nous contraignait à découvrir à l'intérieur de notre personnalité des sources de perturbation.

Dans nos existences, ce qui vient donner cette insatiable inclination pour le compliqué, l'irrationnel et l'inutile est justement ce que nous avons appelé Destin. Sans lui, notre vie serait en tout point semblable à un mouvement d'automate parfaitement coordonné, efficace et adapté à son milieu mais profondément et irrémédiablement « chiant ».

Un destin pour s'inventer des problèmes

Sauvé par sa folie, *Homo sapiens* s'est lancé dans une course sans fin où il s'empresse de s'inventer des problèmes pour avoir le plaisir de les résoudre par la suite. Certes, cette course est capable de l'emmener vers des abîmes de souffrance et vers des déviances mentales dont il ignorait l'existence même, mais au moins il vit.

Pour nommer cette propension inextinguible à chercher la complication qui donne goût à sa vie, nous aurons recours à un terme qui pourrait passer pour vieillot et ringard s'il ne soulignait la dimension universelle et transcendante de la volonté individuelle des forces agissantes en question : la notion de destin.

Afin de ne pas se perdre dans des considérations trop générales et philosophiques, nous aborderons le sujet en suivant une très ancienne école philosophique qui avait pris pour habitude de regrouper, sous le nombre de trois, les causes de tous phénomènes observables. Fidèle à cette vision des choses, nous diviserons la capacité à créer soi-même ses propres problèmes en trois moteurs d'action, trois verbes à la base des grands problèmes existentiels : exister, se lier et entreprendre.

➤ Exister, ou l'enjeu d'être une personne unique

Exister, ou assumer sa responsabilité d'être tout à la fois unique et identique à ses semblables ne va pas toujours de soi tant la peur de cesser d'exister comme individu distinct peut engendrer du chaos dans le destin d'un individu. Nous envisagerons ces difficultés en les déclinant selon trois degrés de profondeur :

- L'identité ou la difficulté d'exister face au regard des autres, avec ses défauts et ses qualités, ses sentiments de fierté et de honte, de supériorité et d'infériorité…
- Le respect ou la difficulté d'exister en tant que personne munie d'un désir qui lui est propre face au désir de ses interlocuteurs, avec les luttes de pouvoir, les sentiments de haine, de culpabilité, les bonnes et les mauvaises intentions…
- La vision ou la difficulté d'exister en tant que sujet pensant face à la pensée des autres avec la révolte, le conformisme, la créativité et la mise en doute de la réalité, la folie…

➤ Se lier, ou l'enjeu de trouver une place dans son environnement

Se lier, ou assumer les liens qui nous unissent avec les choses matérielles, les gens, les groupes et le cosmos ne va pas forcément de soi. Surtout lorsque nous sommes tenaillés par la peur de nous retrouver privés de ce dont nous avons besoin pour vivre. Nous étudierons la difficulté à se lier selon trois angles différents :

• La sécurité ou la difficulté à disposer des ressources dont nous avons besoin, avec le rapport au matérialisme et à l'ascétisme, le désir impérieux de prendre et celui de sauvegarder, la peur de perdre et l'envie de ne plus rien posséder…

• La confiance ou la difficulté de trouver une stabilité dans le lien affectif avec la peur d'abandon et le désir de ne pas se lier, les exigences et les services rendus, l'affection et la froideur affective…

• L'intégration ou la difficulté de trouver sa place dans le groupe avec le sentiment induit de responsabilité ou celui que tout nous est dû, le sentiment d'appartenance et celui d'être un étranger…

➤ Entreprendre, ou l'enjeu de faire quelque chose de son temps

Entreprendre, ou investir son énergie et son temps dans des projets personnels, relationnels et collectifs ne va pas de soi, surtout si l'on est tiraillé par la terreur d'avoir gaspillé les secondes qui nous restent à vivre dans des projets qui n'en valaient pas la peine. Nous aborderons la difficulté d'entreprendre selon trois niveaux différents :

• L'ambition ou la difficulté d'investir du temps pour soi-même avec la peur de l'échec, celle de s'ennuyer, l'enthousiasme frénétique et le découragement le plus écrasant…

• La complicité ou la difficulté de s'investir dans des projets à deux, avec la frustration d'apporter plus que l'on reçoit, la peur de décevoir, le leadership et la tendance à se laisser guider…

• L'idéal ou la difficulté de gérer son investissement mental et émotionnel dans un projet avec sa créativité, son suivisme, son fanatisme, son pessimisme…

Le destin général de l'être humain (propension à rechercher ce qui est compliqué) aura donc été divisé en trois grandes lignes de destin : exister, se lier et entreprendre. Chacune est divisée en trois niveaux, du plus apparent et superficiel vers le plus subtil et profond.

EXISTER	SE LIER	ENTREPRENDRE
Identité	Sécurité	Ambition
Respect	Confiance	Complicité
Vision	Intégration	Idéal

Tous pareils, tous différents et tous fous à notre manière

Héritage de notre appartenance à l'espèce humaine, chacun dispose en lui des potentialités des trois grandes lignes de destin et des neuf grandes questions existentielles. Ce qui fait la différence entre les individus, c'est l'importance relative que prend chacune de ces potentialités dans leur existence individuelle. Nous avons tous une identité, mais tout le monde n'a pas de tendances prédominantes dans un même domaine. Une personne timide ou, au contraire, orgueilleuse, verra le secteur de son identité prendre une très grande place dans ses choix de vie, ses relations aux autres alors qu'une personne qui ne se situe généralement dans aucune des deux extrémités, timidité/fierté, n'accordera que peu d'importance à l'image qu'elle peut donner d'elle-même. Pour cette dernière personne, le trait de personnalité dominant devra être cherché ailleurs que dans la question de l'identité.

D'après cette vision des choses, il n'est pas difficile de définir ce qu'est une pathologie mentale : c'est simplement l'un des secteurs qui prend une telle importance qu'il se met à faire dysfonctionner les huit autres. Prenons un individu souffrant d'un trouble narcissique (donne trop d'importance à faire valoir son identité), il aura tendance à marcher sur la tête de ses semblables pour se faire valoir (problème de respect), à attendre un dévouement total de ses partenaires amoureux (problème de confiance), à n'orienter sa carrière qu'en fonction du prestige (problème d'ambition).

Tous pareils en tant qu'êtres humains, nous disposons chacun d'un mélange bien à nous de ces différentes tendances. Pour peu que ces dernières s'équilibrent entre elles, l'individu sera considéré comme sain. Si l'une d'elles se met à devenir excessive ou briller par son absence, nous basculons dans la pathologie.

Cela signifie aussi que, si nous possédons, en tant qu'être humain, les germes de toutes les maladies mentales, notre dosage propre de tendances psychologiques nous invite à glisser vers certains troubles psychiatriques et pas vers d'autres. Bref, tout le monde est susceptible de faire un petit séjour en psychiatrie, mais tout le monde n'a pas l'étoffe d'un schizophrène ou d'un maniaco-dépressif !

Et pour retrouver sa santé mentale ?

Nous l'avons décrit plus haut, lorsqu'un secteur existentiel a pris feu, l'incendie gagne l'ensemble du bâtiment. La question thérapeutique n° 1 est donc : « Lequel des neuf secteurs est-il le plus en souffrance ? » Loin d'être une évidence, les jeux de force interne peuvent être l'objet d'obscurs jeux de vases communicants.

Pour se situer dans les neuf secteurs

Nous avons tous un moteur d'action dominant : exister, se lier ou entreprendre. Le test suivant vous aidera à déterminer laquelle de ces trois questions est prépondérante dans votre existence. En le remplissant, vous trouverez votre trait de personnalité dominant et pourrez résoudre les questions qui en découlent en vous reportant à chacun des chapitres. C'est à vous…

Test de personnalité

Pour chacune des questions, répondez par l'une des cinq propositions.

Chacune d'entre elles est cotée 2, 1, 0, 1, 2. Faites ensuite la somme des points récoltés sur chacun des secteurs. Le secteur le plus important pour vous risque d'être celui qui totalise le plus de points. Pourquoi ne pas commencer ce manuel par la lecture du chapitre qui s'y réfère ?

➤ L'estime de soi

Avoir une bonne connaissance psychologique de moi-même, me comprendre dans mon fonctionnement est…

capital 2
important 1
neutre 0
inutile 1
présomptueux 2

Parler aux autres de mon fonctionnement psychologique, de ma personnalité…

j'adore 2
j'apprécie 1
ça dépend 0
ça me dérange 1
je déteste 2

Apprendre que les gens parlent de moi, que ce soit en bien ou en mal, savoir que je peux les intriguer par mon attitude…

j'adore	2
j'apprécie	1
ça dépend	0
ça me dérange	1
je déteste	2

Apprendre que les gens se font une fausse idée de ce que je suis vraiment, qu'ils se trompent sur ma personne en positif comme en négatif, c'est…

insupportable	2
désagréable	1
gênant	0
pas grave	1
une bonne protection	2

En repensant à ma vie dans son ensemble, j'estime plutôt que j'ai eu…

beaucoup de chance	2
un peu de chance	1
neutre	0
un peu de malchance	1
la poisse	2

Total *(voir chapitre page 33)* ....

➤ La sécurité

Vivre dans le confort, dans un intérieur bien décoré, avoir une bonne voiture est…

essentiel	2
positif	1
indifférent	0
inutile	1
du gaspillage	2

Être aux petits soins pour mon corps et ma santé est…

essentiel	2
positif	1
indifférent	0
inutile	1
du gaspillage	2

Faire attention à ne pas dépenser trop d'argent ou d'énergie signifie être…

avare 2
austère 1
rien de particulier 0
attentif 1
responsable 2

Quand un objet d'une certaine valeur est en ma possession, j'aurais plutôt tendance à…

ne pas en prendre soin du tout 2
être un peu négligent 1
rien de particulier 0
y faire attention 1
en prendre le plus grand soin 2

La capacité de prendre une décision très rapide est pour moi un signe de…

rapidité d'esprit 2
agilité 1
rien de spécial 0
impulsivité 1
inconscience 2

Total *(voir chapitre page 83)* 9 (8)

➤ L'ambition personnelle

Professionnellement, les gens me perçoivent généralement comme un…

fonceur 2
actif 1
rien de spécial 0
lent 1
mou 2

Au travail, quand je ne suis pas certain d'arriver à mon objectif, j'ai tendance à…

devenir acharné 2
me ressaisir 1
rien de particulier 0
me décourager 1
laisser tomber 2

Quand j'ai démarré un projet et que je sens que je vais droit à l'échec…

j'enchaîne de suite un nouveau projet	2
j'essaie de trouver de nouvelles idées	1
ça dépend	0
je ne sais plus trop quoi faire	1
j'essaie de m'occuper pour me changer les idées	2

Quand je me mets au travail, ce qui me motive le plus c'est de penser à…

ce qui se passera quand ce sera terminé	2
les résultats que je pourrai obtenir	1
rien de particulier	0
les petits moments de détente	1
le simple plaisir que je peux avoir à me mettre à l'action	2

En matière d'aménagement de moments de loisirs et d'activités qui visent uniquement à passer du bon temps…

je n'ai pas le temps pour ça	2
j'ai des réticences à y consacrer du temps	1
je m'y adonne de temps en temps	0
j'apprécie ces moments	1
je saute sur la première occasion qui se présente	2

Total *(voir chapitre page 135)* ....

➤ Le respect

Quand je pense à ma capacité d'influencer les gens dans mes relations, je m'estime plutôt…

avoir beaucoup d'influence	2
assez influent	1
neutre	0
influençable par les gens	1
très influençable	2

Penser à ne pas faire du mal aux gens (en parole, par mon comportement…) est pour moi une chose…

très rare	2
rare	1
occasionnelle	0
habituelle	1
un souci constant	2

Demander pardon, c'est pour moi…

presque impossible	2
difficile	1
occasionnel	0
fréquent	1
automatique	2

Quand une personne me fait une critique, j'ai généralement tendance à…

répliquer du tac au tac	2
me défendre	1
c'est variable	0
me justifier	1
m'aplatir	2

Quand une personne est agressive envers moi, j'ai d'abord tendance à penser…

qu'elle est folle	2
qu'elle est méchante	1
ça dépend	0
que je l'ai peut-être vexée	1
que c'est de ma faute	2

Total *(voir chapitre page 49)* 4

➤ La confiance

Concernant l'expression de mes sentiments, je préfère…

tout dire	2
en exprimer certains	1
ça dépend	0
rester discret	1
les garder pour moi	2

Quand une personne se montre très affectueuse avec moi, ça me…

rend heureux	2
fait plaisir	1
rien de particulier	0
dérange	1
dégoûte	2

Une personne qui exprime peu ses émotions suscite chez moi…

de l'angoisse	2
un malaise	1
rien de particulier	0
un *a priori* positif	1
de la confiance	2

Si une personne essaie de me porter de l'attention ou prendre soin de moi, j'ai tendance à…

être très content	2
me laisser faire	1
rien de particulier	0
être gêné	1
la rejeter	2

Quand j'ai besoin d'aide, j'ai plutôt tendance à…

supplier s'il le faut	2
demander de l'aide	1
ça dépend	0
n'avoir recours qu'à l'aide d'un professionnel	1
me débrouiller seul	2

Total *(voir chapitre page 101)* .... ______

5

➤ La complicité

Quand je suis dans une relation au long cours avec quelqu'un, j'estime que la quantité de temps et d'énergie consacrée à cette relation est…

le facteur le plus important de la relation	2
importante	1
moyennement importante	0
pas importante	1
une perte de temps	2

Dans mes relations, quand il s'agit de proposer des activités à faire à deux, ma tendance est plutôt…

de toujours proposer le premier	2
de proposer plus souvent	1
ça dépend	0
de laisser plus souvent l'autre proposer	1
de ne presque jamais proposer	2

Quand je suis obligé de me retrouver seul pour faire des choses que j'ai normalement l'habitude de faire accompagné, je suis…

tout à fait à mon aise	2
assez débrouillard	1
rien de particulier	0
un peu perdu	1
presque incapable d'agir	2

Quand, dans une relation, il me vient une idée d'activité que nous pourrions faire à deux…

j'essaie tout de suite de convaincre l'autre	2
j'en parle	1
rien de spécial	0
j'ai un peu peur de proposer mes idées	1
je n'ose pas en parler	2

Quand c'est l'autre qui a une idée d'activité commune…

ça me donne plein d'autres idées	2
je lui propose des adaptations à son projet	1
rien de spécial	0
j'ai tendance à suivre ses idées	1
je déborde d'enthousiasme pour ses idées	2

Total *(voir chapitre page 153)* .... ______

➤ La vision du monde

La majorité des gens partagent des idées et les valeurs sur ce qui est bien, mal, ce qui est beau et ne l'est pas. Ce que je pense du partage de ces valeurs…

c'est n'importe quoi	2
c'est parfois à côté de la plaque	1
ça varie	0
c'est souvent juste	1
c'est comme ça que tout le monde devrait penser	2

Une personne dont le comportement est très différent de celui de la majorité des gens, je la vois plutôt comme…

peut-être un génie	2
un original	1
une personne bizarre	0
un marginal	1
un fou	2

Une personne qui partage et respecte les grandes valeurs de notre société est pour moi…

un imbécile	2
un naïf	1
normale	0
une personne bien adaptée	1
un vrai citoyen	2

Je considère généralement que les lois et les règlements qui régissent notre société sont dans leur ensemble…

très injustes	2
souvent mal adaptés	1
ni bien ni mal	0
souvent utiles	1
la seule manière d'éviter l'anarchie	2

Ce que je pense de la justice, telle qu'elle fonctionne dans ce pays, c'est qu'elle est…

un instrument aux mains des puissants	2
le lieu de beaucoup d'abus	1
rien de particulier	0
une institution plutôt bénéfique	1
le pilier de notre civilisation	2

Total *(voir chapitre page 65)* .... ______

4

➤ L'intégration sociale

Il existe de nombreux groupes auxquels j'appartiens (travail, amis, famille...). Me sentir appartenir émotionnellement à ces groupes est pour moi...

une chose indispensable........ 2
une chose positive........ 1
neutre........ 0
une contrainte........ 1
une prison........ 2

Si je devais me faire exclure de l'un de ces groupes, ce serait pour moi...

une catastrophe........ 2
une souffrance........ 1
un problème........ 0
un défi........ 1
la preuve que j'avais raison de me méfier........ 2

Me mettre au service des besoins des autres membres du groupe est pour moi...

un esclavage........ 2
une corvée........ 1
rien de particulier........ 0
une bonne action........ 1
un devoir........ 2

Trouver des avantages personnels liés à ma position sociale est pour moi...

un droit........ 2
un privilège........ 1
rien de spécial........ 0
un détournement........ 1
un abus total........ 2

Si je me retrouvais pris dans une situation où je devais choisir entre m'occuper de mes intérêts et ceux du groupe auquel j'appartiens, j'aurais plutôt tendance à privilégier...

mes intérêts sans aucun doute........ 2
probablement mes intérêts........ 1
je ne sais pas........ 0
probablement le groupe........ 1
le groupe sans aucun doute........ 2

Total *(voir chapitre page 119)*........ ______
2

➤ L'investissement dans le groupe

Quand le groupe auquel j'appartiens (travail, famille, amis…) démarre un nouveau projet, je suis généralement…

enthousiaste	2
motivé	1
neutre	0
réservé	1
sceptique	2

Quand un membre de mon groupe refuse de s'impliquer dans les projets, ma réaction habituelle est d'être…

énervé	2
dérangé	1
neutre	0
compréhensif	1
d'accord avec lui	2

Quand je me rends compte que le projet que mon groupe poursuit va rencontrer des obstacles, ma tendance habituelle est…

de redoubler d'efforts pour motiver les autres	2
de persister	1
ça dépend	0
de perdre un peu courage	1
de laisser tomber	2

Quand il y a besoin de nouvelles idées de projet pour le groupe…

je fourmille d'idée	2
je propose certaines choses	1
ça dépend	0
j'attends que quelqu'un propose	1
je suis très enthousiaste pour les idées des autres	2

Quand quelqu'un dans le groupe propose une nouvelle idée…

je propose d'autres alternatives	2
j'essaie de l'améliorer	1
ça dépend	0
je peux me laisser convaincre	1
je suis très enthousiaste	2

Total *(voir chapitre page 167)* 2, 3

PREMIÈRE PARTIE

Exister

« J'existe ! » Évidemment, que j'existe ! Descartes ne nous a-t-il pas donné la garantie que le simple fait de se poser la question était en soi la preuve la plus sûre que nous existions ? Pourtant, si l'affirmation est philosophiquement inébranlable, certaines personnes semblent être animées d'un profond doute quant à la question de savoir si elles vont continuer à exister au sens plein, « être une personne unique disposant de ses qualités, défauts, envies, pensées… qui font qu'elle est elle-même et non pas quelqu'un d'autre ». Être ou ne pas être, telle semble bien être la question pour celui dont l'existence est au centre de son destin.

Nous étudierons ce destin selon trois niveaux de profondeur, allant du plus superficiel au plus profond.

- *L'identité* : exister dans la vision d'un « public » en tant qu'amalgame de qualités et de défauts.
- *Le respect* : exister en tant que personne disposant de sa volonté propre face à d'autres personnes disposant, elles aussi, de volonté.
- *La vision* : exister en en tant que porteur d'une vision du monde propre face à la vision du monde collective.

Identité : le droit d'être une personne unique

Imaginez que, sous le coup d'une radiation infernale, nous devenions tous pareils. Non seulement notre sexe et notre apparence physique deviendraient en tout point identiques, mais aussi tout ce qui fait notre personnalité, nos opinions, nos craintes et nos espoirs. Imaginez-vous vous-même devenir progressivement absolument impersonnel, normal... La sensation de dégoût qui devrait vous envahir en imaginant ce scénario de science-fiction, le côté révoltant à ne devenir plus qu'un clone, un mouton parmi les moutons, c'est ça le besoin d'identité.

Pour mieux discerner les enjeux de notre propos, nous allons découper la question de l'identité en deux sous-questions fondamentales divisées chacune en deux attitudes opposées :

• le narcissisme ou de l'intérêt pour soi-même qui se divise en :

— orgueil

et

— indignité,

• le prestige ou de l'intérêt qu'on peut susciter chez autrui qui se divise en :

— pudeur

et

— exhibitionnisme.

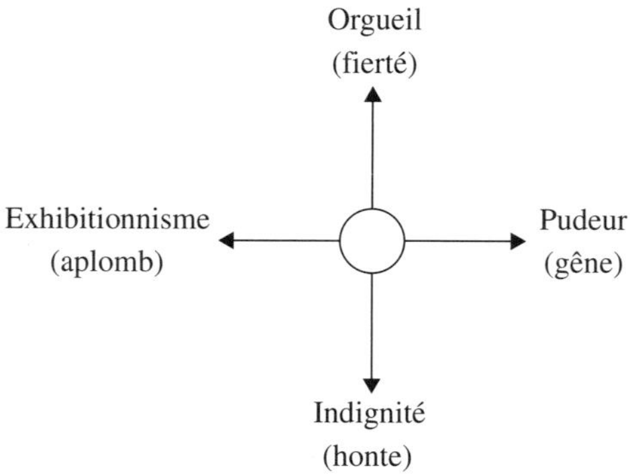

Le narcissisme ou la fascination pour soi-même

La fascination pour soi-même qui n'est pas l'amour de soi, consiste à se poser la question : « Est-il bien normal que moi, avec mes défauts et mes qualités, je sois comme je suis ? » En fonction de la réponse affirmative ou négative, nous nous trouverons dans une position d'orgueil ou d'indignité.

Orgueil

Jeune consultant dans une boîte de marketing, Pierre est un pro de la communication. D'emblée très à l'aise, il entre dans le cabinet de consultation comme s'il était chez lui. Il prend ses aises et commente la décoration en faisant des petites blagues sur le niveau de vie présumé des thérapeutes de l'équipe.

S'il consulte, c'est qu'il ressent depuis longtemps un malaise interne mais c'est seulement depuis quelques semaines qu'il a réussi à mettre un mot dessus. Une amie lui avait recommandé un site consacré aux états limites. Il est donc venu en consultation pour recevoir confirmation de son diagnostic : trouble de personnalité borderline.

Un petit peu troublé par la conviction de mon interlocuteur, je m'empare de mon répertoire psychiatrique (le DSM-IV) et je commence à énumérer les symptômes requis pour recevoir le diagnostic. À mesure que nous parcourons la liste, il devient évident que l'intensité de ce que vit Pierre est loin d'être suffisante pour que l'on puisse parler d'état limite. En le questionnant sur sa manière de suivre ses problèmes, Pierre explique avec enthousiasme qu'il est un grand adepte des séminaires de développement personnel et qu'il entend bien au fil de ses démarches apprendre à devenir véritablement lui-même. Faisant mine de ne pas bien comprendre, je lui demande en quoi consiste le fait d'être soi-même et il me répond qu'il a plein de choses en lui qu'il n'arrive pas à extérioriser comme il le voudrait.

Je commence à lui parler de moi et des aspects de ma propre personnalité qui m'agacent le plus souvent, je prends le temps de m'étendre et je l'interpelle sans transition : « Et vous, vous avez beaucoup de mal à supporter que vous ne soyez que ce que vous êtes. »

La bulle d'arrogance dont il s'était revêtu explose tout à coup, laissant entrevoir une personne sensible et doutant d'elle-même. Le reste de la conversation se passe, sur un ton bien plus authentique, à remettre en question l'obligation de se montrer optimal.

Indignité

Quelconque, c'est le premier qualificatif qui vient à l'esprit pour décrire l'apparence de Marieke. Cheveux blonds coiffés sans aucune élaboration, vêtements neutres dans la gamme gris beige, visage impassible et ton de voix monocorde... Elle vient consulter comme on viendrait pointer à l'agence locale de chômage.

Cette jeune femme de 22 ans mène une existence sans joie auprès d'une mère elle-même dépressive chronique. De ses études d'administration, elle ne relève que la difficulté implicite de présenter des travaux devant ses collègues de cours. Pour ce qui est de sa souffrance, le malaise semble à ce point ancré dans son existence qu'elle n'est pas capable de rien mettre en évidence : tout est lourd, tout est dépression et la seule cause qu'elle est capable d'avancer est celle de l'hérédité : « Ma mère à moi, ça fait trente-cinq ans qu'elle est dans cet état-là. »

Lors d'une séance, piquée à vif par un commentaire de son psy mécontent de sa résistance à pratiquer les tâches à domicile décidées d'un commun accord, Marieke laisse échapper un : « Je suis trop différente, je ne suis pas faite pour vivre dans ce monde comme tout le monde, d'ailleurs, je ne sais même pas qui je suis ! » et invitée à poursuivre, son dos se voûte et elle ajoute en levant les yeux : « Laissez tomber, de toute façon, je suis trop compliquée pour vous ! Personne n'a rien pu faire pour aider ma mère, je prends des antidépresseurs depuis mes 12 ans et je me suis déjà fait jeter par trois psys. Je vous fais perdre votre temps. »

Drôle de banalité ! N'est-ce pas un peu présomptueux de prétendre être la personne la plus bizarre et la plus incurable de ma patientèle ?

Les deux faces du narcissisme

Le contraste entre Pierre et Marieke illustre bien les deux faces de la dynamique du narcissisme.

• *L'inflation* : nous avons d'un côté Pierre qui, tel le Narcisse de la mythologie grecque, est fasciné par le discours et lui-même. La quête de soi que poursuit Pierre l'entraîne dans une étude psychologique toujours plus fouillée qui le conduit à encore plus d'analyse et encore plus d'interrogation au point qu'il se soupçonne d'être victime de troubles psychiatriques. À partir de combien de symptômes a-t-on le droit d'être déclaré comme spécimen rare ?

• *L'implosion* : l'estime d'elle-même dont pâtit Marieke est à ce point basse qu'elle a déjà envisagé à de nombreuses reprises de se supprimer. C'est à se demander si elle n'accepte pas de rester en vie juste parce qu'elle est tellement mauvaise et mal fichue qu'elle ne mérite même pas de mourir. Pourtant, sous des apparences de modestie extrême se cache une certitude inébranlable qu'elle est une personne absolument unique, exceptionnellement inadéquate et sur laquelle aucun être humain n'est capable d'exercer quelque influence que ce soit. Le contraire du narcissisme, c'est toujours du narcissisme.

S'il fallait voter pour savoir lequel des deux est le plus narcissique, mon choix se porterait probablement sur la jeune fille dont le sentiment d'être un cas à part est à ce point tout-puissant qu'elle est persuadée d'être incurable.

Le narcissisme n'est donc pas tant l'histoire de se sentir supérieur aux autres que de se trouver soi-même exceptionnel, quitte à devenir exceptionnellement mauvais. Dès lors, sortir de la logique du narcissisme, c'est cesser de se passer soi-même et de passer son entourage à la moulinette des défauts et des qualités pour toucher du doigt la seule véritable dignité de l'être humain : son statut de personne.

L'un des sous-produits les plus étonnants du narcissisme est le sentiment profond et complètement irrationnel d'être appelé à un destin tout à fait exceptionnel.

Ce qui fait le plus souffrir Pierre est la frustration liée à son sentiment d'être appelé à un destin d'exception. Incapable d'atteindre des hauteurs supérieures à son statut actuel, il multiplie les démarches psys pour avoir enfin accès à 100 % de son potentiel. Tout ce que ses efforts de développement personnel lui apportent, c'est un accroissement de sa frustration de ne pas être assez lui-même.

Ce qui paralyse tout effort thérapeutique chez Marieke est le sentiment d'être maudite et de n'avoir aucun droit au bonheur pour cette vie. Tout au plus peut-elle aspirer à la mort…

L'extériorisation de la personnalité ou la reconnaissance extérieure de sa différence

Se camoufler ou impressionner l'agresseur ? En reproduisant sur ses ailes le motif d'un œil de prédateur, le papillon a clairement misé sur sa capacité à être impressionnant. Son cousin le papillon de nuit a opté pour des ailes ternes qui lui assurent un camouflage impeccable. Pour *Homo sapiens*, le dilemme prend la forme suivante : ce que je suis tout au fond de moi-même doit-il être perceptible pour les autres ou non ? En fonction de la stratégie choisie, nous observerons une attitude de retrait ou de mise en avant de la personnalité.

Pudeur

Mirette, responsable de projet dans une association culturelle a toujours le même rictus vissé sur le visage. Ce n'est pas le grand écart labial qui caractérise la star épanouie, c'est le petit sourire gêné qui se marque par une contracture de la lèvre supérieure.
C'est d'ailleurs pour cela qu'elle consulte. Pas pour le sourire, mais pour le côté perpétuellement gêné qui l'accompagne tout au long de sa vie sociale.
Elle n'ose pas prendre la parole, elle craint de se faire remarquer, elle redoute de se plaindre, d'exiger... Bref, elle n'aime pas choquer et fait tout pour passer inaperçue, tant dans son look que dans son attitude.
Ces efforts pour passer inaperçue sont très souvent efficaces, mais il arrive qu'elle soit repérée par d'autres sans pouvoir se dérober. Il peut même arriver pire, c'est qu'un narcissique vienne lui tenir la jambe pendant des heures dans l'espoir de recevoir attention et compliments de sa part. Elle est la championne des faux-fuyants, mais cela ne marche pas toujours et, quand elle se fait coincer, elle passe un très mauvais moment.
En venant consulter, elle voudrait apprendre à avoir plus confiance en elle pour avoir le mot juste face à tout le monde. Le malheur, c'est qu'elle se sent loin d'avoir la capacité de devenir une professionnelle de la repartie verbale.
Paradoxalement, Mirette décrit son enfance comme ayant été celle d'une petite fille toujours prête à se faire remarquer. Le changement radical d'attitude s'est effectué au moment de l'adolescence, lorsque certains effets secondaires de la puberté lui ont fait se sentir laide et sans intérêt. Depuis lors, son leitmotiv est : « Profil bas ! »

Exhibitionnisme

Il est difficile de ne pas penser quelque chose de Vanessa d'autant que son look et son attitude sont éloquents. Tout en talons aiguilles, breloques cliquetantes et éclats de rire tonitruants, cette femme de 35 ans semble sortir tout droit d'un fantasme de routier solitaire. Habituée à endurer les difficultés relationnelles sans broncher, ce sont des douleurs chroniques qui ont eu raison de son inoxydable aplomb et qui font qu'elle ne supporte plus d'être regardée. Depuis qu'elle déprime, Vanessa n'a plus la force de remettre à leur place les nombreux hommes qui se permettent de faire des commentaires sur son apparence. Autre signe qu'elle « ne s'assume plus », son humeur est devenue changeante au point que, au cours d'un même entretien, elle passe par le fou rire, l'effondrement mélancolique, le frisson anxieux et la rigidité colérique.

Avec une candeur feinte, son psy lui demande : « Et si vous vous mettiez à la burqa ! » pour lui signifier qu'une apparence moins voyante la mettrait du même coup à l'abri des sarcasmes. À cette suggestion, Vanessa qui était accablée se redresse et affirme avec fermeté : « Hors de question, je dois me montrer telle que je suis et si ça ne plaît pas, tant pis. » Pour elle, il existe donc un péril bien pire que celui d'être une victime sans défense des commentaires graveleux des hommes : ne plus en susciter aucun.

Les deux facettes de l'extériorisation

Les exemples ci-dessus illustrent les deux stratégies possibles de positionnement par rapport à l'extériorisation.

• *La dissimulation* : le type d'armure qu'a choisi Mirette est de l'ordre du camouflage. Ne s'estimant pas suffisamment douée de qualités pour briller, c'est derrière sa discrétion et sa neutralité qu'elle se dissimule. Son perpétuel sourire gêné apaise et ne constitue une menace pour personne. Surtout ne provoquer personne ! Spécialement les moqueurs et les orgueilleux. Dissimulée derrière cette façade, elle espère attirer le moins possible l'attention.

• *L'affichage* : véritable martyre de l'apparence, Vanessa se sent être dans l'obligation de clamer haut et fort sa singularité quitte à essuyer les incessantes piques de son entourage ; s'afficher est pour elle une nécessité vitale d'autant que renoncer à son look équivaudrait pour elle à perdre le sentiment d'exister. Quitte à passer pour une folle ou une prostituée, Vanessa restera toujours fidèle à elle-même. En s'immolant elle-même sur l'autel du qu'en-dira-t-on, Vanessa se met en position de cas pour la science et semble dire : « Ceci est mon look, livré pour vous à la multitude ! »

Si la grande crainte du timide est celle de dévoiler à autrui ses faiblesses et sa singularité, l'exhibitionniste, elle, ne redoute en rien la critique. Bien au contraire, les commentaires, qu'ils soient négatifs ou positifs, sont reçus avec la même délectation ; l'important n'étant pas de plaire en affichant ses qualités mais d'être reconnu dans sa singularité, quitte à étaler ses défauts au grand jour. Peu importe la critique du moment que l'on fait parler de soi.

Apparemment antinomiques, les positions du « timide » et de l'exhibitionniste se rejoignent sur le point suivant : les deux redoutent que leur individualité respective soit détruite. Le timide craint que l'opinion publique ne s'attaque à sa différence et dissimule en conséquence cette dernière derrière la platitude de la bienséance. Le cas pour la science craint lui aussi que sa différence ne s'évapore mais son calcul, c'est qu'en la faisant reconnaître aux yeux de tous, elle risque moins de lui filer entre les doigts. En matière de personnalité, pudeur et exhibitionnisme visent les mêmes fins.

Rééquilibrer ses difficultés d'identité

Principe de base : la simplicité

La mécanique de l'identité est comme un soufflé qui a monté sur la base d'une croyance centrale : nous sommes très différents les uns des autres et cela nous donne un statut particulier qu'il faut assumer.

Les « lunettes » du questionnement identitaire font voir le monde séparé selon un seul critère : être supérieur ou inférieur aux « autres ».

Le problème d'identité, c'est croire qu'exister en tant qu'individu, c'est très compliqué.

Pour pouvoir exister face à elle-même et face aux autres, la personne qui porte ce destin va continuellement ressentir le besoin de démontrer, de justifier ou de dissimuler ce qui fait son identité propre. C'est une activité aussi fatigante qu'inutile.

Celui qui veut rééquilibrer son destin de trouble d'identité peut se tourner vers une qualité unique : la simplicité.

Mais attention ! Celui qui cherche la simplicité risquera de se faire prendre dans une attitude de fausse modestie qui est la forme la plus indécrottable de l'orgueil.

La véritable simplicité n'est pas une attitude active mais bien une absence d'activité destinée à promouvoir son narcissisme. Exister dans le sens plein du terme se fait sans effort. C'est un fait et non une action.

Travail préliminaire : faire l'état des lieux

La première étape d'une démarche thérapeutique consiste à prendre la mesure de la place qu'occupe le problème dans notre existence. Il peut être très intéressant d'établir une fiche récapitulative reprenant tous les paramètres du problème.

En vous référant à la fiche 1 des annexes (page 187), qui se trouve à la fin de cet ouvrage, vous trouverez des conseils pour établir une fiche des problèmes que vous souhaitez résoudre.

Utiliser le miroir relationnel

Comme c'est le cas pour toutes les autres formes de destin, les problèmes d'identité appellent les problèmes d'identité et celui qui se situe sur un pôle défini aura fréquemment maille à partir avec des personnes se trouvant sur l'un des deux autres pôles.

Une manière de commencer à ouvrir les yeux sur ces enjeux consisterait à tenter de vous placer vous-même sur le schéma et d'y placer ensuite tous les membres de votre entourage. (Voir fiche thérapeutique 2, « Le miroir relationnel », page 190.)

Il peut aussi être très intéressant de donner à des membres de votre entourage un graphique vierge de noms en leur demandant de positionner les mêmes personnes que vous avez inscrites sur le vôtre.

Faire tourner la roue

Malgré leur connotation négative, ni les attitudes de nombrilisme, d'exhibitionnisme, de timidité ou d'indignité ne sont en soi un problème. Ces quatre attitudes représentent autant de manières de répondre à la question : « En quoi suis-je une personne d'exception ? » Il ne devient véritablement possible de se libérer de ce questionnement qu'en ayant expérimenté les quatre branches. Si nous sommes bloqués dans l'une des quatre directions, c'est que nous n'avons pas encore réussi à développer les qualités complémentaires situées sur les trois autres bras[1]. (Voir fiche thérapeutique 3 « Faire tourner la roue », page 192.)

La roue de l'identité

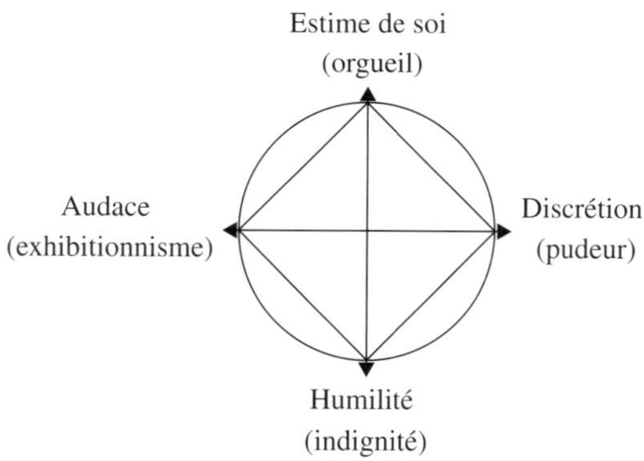

➤ Intérêt pour soi : retrouver sa nature originale

Une pratique toute simple pour toucher du doigt la différence entre ce que nous croyons être et ce que nous sommes réellement peut se pratiquer sous forme d'un exercice de visua-

1. Vous trouverez plus d'informations sur le travail comportemental en vous référant aux fiches thérapeutiques 1 à 4 en annexes, page 187 et suiv.

lisation à pratiquer idéalement au moment du coucher. Le but de cet exercice est de retrouver son identité originale en se dépouillant de tout ce qui n'est pas véritablement soi-même.

EXERCICE DE VISUALISATION[1]

1. **Allongez-vous** confortablement sur votre lit et fermez les yeux.
2. **Prenez conscience** de l'ensemble de votre corps et du contact de celui-ci avec les draps et le matelas.
3. **Observation du corps :** prenez bien conscience de l'ensemble de votre corps, et imaginez que ce dernier, tel un comprimé effervescent, commence à se dissoudre en partant de la peau qui laisse bien entrevoir les muscles et les viscères qui se désagrègent eux aussi progressivement, ne laissant plus que le squelette qui, lui aussi, finit par tomber en poudre.
4. **Écoute des sensations** : une fois dissoute votre enveloppe physique, ce sont vos sensations physiques qui commencent à disparaître. La douleur comme le plaisir n'ont plus de lieu pour être expérimentés ; les sons et la lumière vous traversent sans être perçus par les organes des sens, vos émotions se dispersent au vent et ce que vous aimez tant, ce que vous détestez perd de sa signification.
5. **Observation des pensées** : ce sont maintenant les flux d'idées qui s'accélèrent, perdent de leur cohérence et commencent tout doucement à se dissiper.
6. **Contemplation de la nudité** : le temps et l'espace ont maintenant cessé d'exister. Vous expérimentez ce qu'est la conscience lorsqu'elle est débarrassée de tous ces oripeaux. Vous n'êtes ni votre corps, ni vos émotions, ni vos pensées… Vous êtes, tout simplement !

1. Vous trouverez une version MP3 de cette visualisation sur le site : www.therapie-dialectique.net.

➤ Dignité : retrouver la fierté d'être humain

L'un des principaux pièges des problèmes d'identité consiste à établir une distinction bien nette entre ce qui est une qualité et ce qui est un défaut. Plus cette différence est puissante, plus on se fragilise dans des attitudes de plus en plus complexes visant à exhiber ses qualités et dissimuler ses défauts. Assouplir cette séparation rigide peut se faire de la manière suivante :

• Munissez-vous de deux fiches de bristol que vous séparez en deux colonnes tracées dans le sens de la longueur et de taille égale.

• Sur la première colonne de la première fiche, inscrivez la somme de ce que vous pensez être des qualités ou des tendances qui pourraient susciter l'intérêt chez l'autre : tout ce qui suscite de la fierté.

• Sur la première colonne de votre deuxième fiche, inscrivez la liste de vos défauts, faiblesses et tout ce qui pourrait être frappé de mépris aux yeux de vos interlocuteurs : tout ce qui vous fait honte.

• Reprenez la fiche « qualité » et inscrivez dans la deuxième colonne les défauts qui découlent des qualités que vous y avez inscrites, ce en quoi ces soi-disant qualités peuvent parfois vous nuire.

• Reprenez la fiche « défauts » et inscrivez-y dans la seconde colonne les qualités qui découlent de ces défauts, ce en quoi ces soi-disant défauts peuvent parfois s'avérer utiles.

• Comparez ensuite les deux fiches en essayant de relier les soi-disant qualités avec les défauts présumés. Qu'est-ce que cette liste vous inspire ? Vous sentez-vous être cette liste de qualités et de défauts ? Vous donnent-ils envie de proclamer : « Ça, c'est moi quand même ! » ? Vous la tenez en main ?

Si vous êtes capable de garder à l'esprit l'ensemble de vos qualités et de vos défauts, vous vous retrouverez automatiquement projeté en qualité d'être humain véritable, c'est-à-dire un être qui assume simultanément ses faiblesses et ses forces.

➤ Discrétion : prendre la couleur locale

Rien de plus visible qu'une personne qui essaie de passer inaperçue dans un groupe ! Celui qui, en société, vise à se montrer discret risque donc de susciter l'exact inverse. La seule discrétion véritable en société consiste à imiter le caméléon en empruntant les postures et le ton de voix de nos interlocuteurs. Déguisé en M. Tout-le-Monde, vous risquez fort de passer véritablement inaperçu.

➤ Modestie : s'abstenir de penser à soi

Le pire ennemi de la modestie n'est pas la vantardise mais la fausse modestie. L'orgueil n'est jamais aussi inextinguible que quand il se revêt de la sensation d'être une personne exceptionnellement peu narcissique. La véritable modestie ne consiste pas non plus à dire du mal sur soi-même. Nombreux sont les orgueilleux en prison ou en hôpital psychiatrique qui se vantent d'être la pire personne que la terre ait portée. La véritable modestie consiste à détourner systématiquement son attention de sa pensée lorsque cette dernière se porte sur soi-même, que ce soit pour dire du bien ou du mal.

Bien plus complexe que l'exercice semble paraître, l'abstention de discours sur soi demande une vigilance permanente de ses flots de pensées.

Commencez donc par apprendre à observer vos pensées et laisser passer toutes celles qui parlent de vous-même en les étiquetant de « narcissisme ». Si vous consacrez cinq minutes par jour à cet exercice, au fil des semaines, vous commencerez à toucher du doigt la nature de la modestie véritable.

Attention aux critiques !

Les critiques, autant celles qui s'adressent à vous-même que celles qui s'adressent aux autres, sont un excellent indicateur de narcissisme en action. Essayez de ne pas trop vous y laisser aller.

Lorsque vous vous prenez en flagrant délit de critique, voici quelques stratégies utiles :

- Dites-vous, mentalement, tout simplement « stop ».
- Retrouvez en quoi ce qui a suscité une critique vous a blessé dans votre amour-propre.
- Écrivez les raisons qui vont dans la direction de la critique que vous avez formulée et les facteurs qui ne sont pas en accord avec la critique.

➤ Trouver son maître

Si l'un des quatre pôles vous est insupportable, il est possible d'utiliser cette aversion comme moteur thérapeutique.

Voir fiche thérapeutique 4, page 196.

Respect : le droit d'être différent face à l'autre

Imaginons un instant, dans un élan de science-fiction, qu'une nouvelle loi stipule que chaque citoyen se doit de porter, vissé sur son front, un écran LCD qui affiche en temps réel la totalité des pensées et des émotions qui se produisent dans son esprit. Plus d'hypocrisie, plus de mensonges, plus de manipulations tortueuses... Le monde débarrassé de la possibilité de dissimulation ne serait-il pas un paradis ? Pour les paranoïaques, sans doute ! Mais, pour les autres, le monde relationnel deviendrait un perpétuel enfer car il nous confronterait au ressenti que nous nous donnons tant de mal à dissimuler, celui contre lequel la civilisation tout entière prétend être le remède : la haine.

Le respect, ou la capacité de supporter la différence d'autrui peut être divisé en deux enjeux qui se divisent chacun en deux tendances opposées.

• Les enjeux de pouvoir ou le sentiment d'« avoir droit à » dans la relation peuvent être vécus de deux manières opposées :

— par *la légitimité* : je suis dans mon droit ;

ou

— par *la faute* : c'est moi qui ai tort.

• Les enjeux de méfiance ou la place laissée à la franchise ou à la dissimulation peuvent conduire vers deux positions opposées :

— *la provocation* ou manifestation bruyante et agressive de sa différence,

ou

— *l'hypocrisie* ou dissimulation systématique de ses intentions.

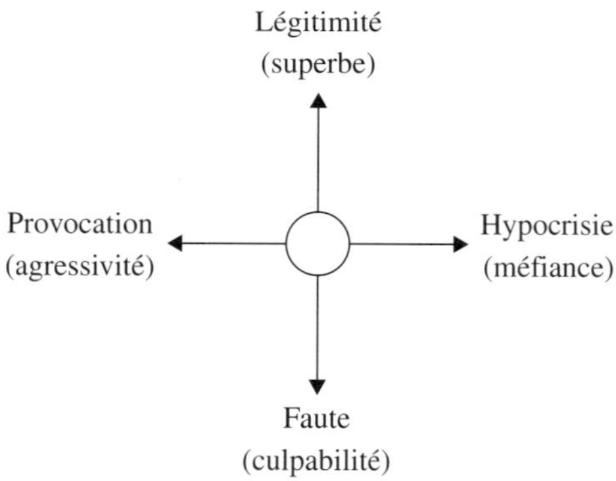

Le pouvoir ou la capacité d'influencer

Si la relation était cette perpétuelle compétition dans laquelle chacun lutte pour obtenir l'ascendant sur l'autre, il y aurait fort à parier que l'être humain cesserait purement et simplement de côtoyer ses congénères et, tels des animaux solitaires, nous ne nous fréquenterions que pour des luttes de territoire pendant la saison des amours. Si les luttes ne sont pas chez nous perpétuelles, c'est que nous sommes régis par un code social complexe et implicite qui définit la position de chacun par rapport aux autres.

La phrase « Nous naissons tous libres et égaux » a beau emporter l'adhésion morale de bon nombre d'êtres humains, sa véritable mise en œuvre pourrait relever de la catastrophe, car l'ordre social repose partiellement sur une hiérarchie invisible qui définit d'emblée ce à quoi chacun a droit. Face à une nouvelle personne, il n'est nul besoin d'échanger un seul mot pour sentir si cette personne a de l'ascendant ou non sur nous.

Face aux droits instinctifs que nous ressentons dans la relation, il est possible de différencier deux attitudes opposées :

— la domination ou sentiment d'être dans son droit ;

— la soumission ou sentiment d'être en tort.

Légitimité

Fabien, garçon de 18 ans au regard vif, a été frappé depuis la naissance d'un terrible problème neurologique. Si son esprit s'est développé comme celui de n'importe quel jeune de son âge, son corps, lui, a toujours refusé de se mouvoir dans l'espace par lui-même et il ne doit ses déplacements qu'à une lourde assistance humaine et technologique. Heureusement que sa petite voiture électrique lui donne un peu de liberté, car même un acte aussi simple que faire pipi lui demande l'assistance d'une personne extérieure. Les très nombreuses opérations orthopédiques qu'il a subies ne lui ont apporté que de minces améliorations.

Fils de médecins qui ont plutôt bien réussi dans la vie, Fabien a bénéficié des meilleurs soins, tant en matière de santé qu'en ce qui concerne le développement mental. Beaucoup d'efforts ont été faits pour qu'il puisse jouir d'un maximum d'autonomie, mais il semblerait que ses parents n'apprécient guère qu'il pense par lui-même et qu'il se mette en quête de possibilités de traitement. « Comme si le fait qu'ils soient médecins faisait d'eux des personnes qui ont tout compris à tout. » Bénéficiant de grandes plages de temps libre, Fabien s'est mis en tête d'en apprendre un maximum sur la médecine et, Internet aidant, de devancer ses parents dans la connaissance des moyens de traitement disponibles. Il connaît de plus tous les orthopédistes du royaume et entretient des relations épistolaires avec certains d'entre eux. Chaque fois qu'il fait une nouvelle trouvaille, il s'ensuit des discussions sans fin avec ses parents, des e-mails envoyés aux médecins spécialistes pour demander conseil, des échanges d'arguments et de contre-arguments qui ont peut-être la vertu d'irriter ses parents, mais Fabien compense son manque de bagage théorique par de la ténacité : il sait ce qu'il veut et répète inlassablement les mêmes arguments. De plus, il bénéficie d'une arme secrète : depuis tout petit, il connaît le point faible de ses deux parents. S'il le faut, il frappera là où ça fait mal.

Faute

Épuisée, c'est le terme qui convient le mieux pour décrire l'état général de Carmela. Cette ancienne néphrologue a laissé tomber son travail de médecin depuis maintenant vingt ans pour se consacrer uniquement à son fils handicapé. En réalité, elle n'a pas vraiment laissé tomber la médecine puisque l'infirmité de son fils Fabien demande tant de soins médicaux en tout genre qu'elle continue à fréquenter les hôpitaux presque autant que quand elle était chef de service. Ce qui a changé, c'est qu'elle est devenue le médecin exclusif d'un seul patient qui se trouve être son fils. Afin de s'assurer que sa pauvre mère ne perde pas contact avec le milieu médical, Fabien rivalise d'originalité pour se trouver chaque semaine un motif de consulter. Il est vrai que le très grand nombre d'opérations chirurgicales qu'il a subies lui laisse le choix. Une fois, c'est une douleur aux genoux, une autre, ce sont des paresthésies dans le dos… Il connaît tous les services de l'hôpital orthopédique et tout le monde sur place le connaît par son prénom. Une vraie star pour le service de chirurgie.

À chaque visite de médecin, Fabien fait le même cinéma à sa mère, il se plaint, gémit, insiste, râle, demande des explications, va voir sur Internet, se découvre de nouveaux bobos et reproche à sa mère de le négliger. Chaque fois qu'il exagère avec ses caprices, sa mère refuse, puis se justifie et finit par céder de mauvaise grâce. Le pire de tout, c'est que chaque fois qu'elle cède, elle se sent encore plus mauvaise mère. Mais après tout, n'est-ce pas sa faute à elle si elle a voulu un fils malgré tout ? Ah, si elle avait eu la sagesse de se contenter de son premier enfant et si elle n'avait pas fait appel aux fécondations in vitro *! Dans ses moments de blues, Carmela n'est pas loin d'estimer que c'est un juste châtiment que d'avoir eu un fils handicapé. On ne transgresse pas les dures lois de la nature et de la stérilité.*

Derrière le pouvoir

Le pouvoir est rarement là où il semble se trouver. Tout médecin et valide qu'elle est, sa mère se fait systématiquement dominer par son fils.

• *L'indignation* : frappé d'une maladie grave dès la naissance, Fabien a été le centre de toute l'attention de ses parents ainsi que celle de nombreux spécialistes. Pas vraiment étonnant qu'il ait développé le sentiment d'être une personne d'exception qui mérite des égards tout à fait particuliers. D'autant qu'il connaît par cœur ses parents et qu'il sait exactement comment obtenir ce qu'il veut. Ce qu'il recherche n'est pas tant de l'affection et des soins que la reconnaissance par une autorité très qualifiée de sa qualité de personne tout à fait unique qui met à mal, à elle seule, le puissant savoir des médecins. Ce jeu de bras de fer au niveau de la connaissance était appelé à l'époque de Freud « hystérie » avant que des médecins n'aient voté l'abrogation de ce terme probablement jugé trop humiliant pour leur science.

• *La culpabilité* : malgré toute sa science et tout son amour, Carmela ne semble jamais donner satisfaction à son fils qui en demande toujours plus. Si, de guerre lasse, elle finit toujours par céder, c'est qu'elle est tenue au ventre par le sentiment profond d'avoir commis une faute grave : c'est la culpabilité qui l'étreint. Peu importe que ce soit ou non elle la fautive de ce qui est arrivé à son fils, tout ce qui arrive est sa faute.

Lorsque le « brave » Staline décidait de mettre un peu d'ordre dans la population d'URSS, il faisait rédiger par sa secrétaire des polycopiés dont seuls le nom de la région et le nombre de personnes à massacrer étaient remplacés par des points de suspension. Bien pratique, ce système qui lui permettait de remplir à la main les espaces laissés vides et de remplir au gré de sa fantaisie quel pourcentage finirait au goulag ou recevrait simplement une balle dans la nuque.

Le jeu du pouvoir se déroule de façon similaire, mais c'est la personne se sentant facilement coupable qui imprime le bon d'accusation laissé vierge, indiquant la nature du crime qu'elle a elle-même commis ainsi que le châtiment infligé. Le légitime n'a plus qu'à approuver.

La méfiance ou les doutes sur l'intention de l'autre

« Ne faites confiance à personne ! » L'une des constatations les plus troublantes du monde relationnel, c'est qu'on ne peut jamais être sûr de ce que l'autre pense. Le mensonge est toujours possible et nombreux sont les conjoints qui, après trente ans de vie commune, découvrent avec effroi des facettes de la vie de leur partenaire qu'ils ignoraient totalement. Pour explorer cette dimension paranoïaque née de la simple capacité de dissimuler ses intentions, nous en aborderons les deux revers : la provocation et l'hypocrisie.

Provocation

Petit dernier d'une famille de six enfants, Guillaume, un garçon de 17 ans d'origine indienne au look très élaboré est prié de venir régler ses problèmes de violence devant le psychologue. Son crime, une escalade de comportements de plus en plus déviants suivis de répression de plus en plus dure qui l'ont déjà conduit à une éviction de son foyer familial au profit d'un internat et qui sont sur le point de le mener au renvoi définitif de l'institution qui l'héberge. Son dernier coup d'éclat a été d'administrer une droite à un de ses collègues de cours qui venait de traiter de « pute » sa mère biologique.

Guillaume ne ressent aucun remords pour son acte et il est plutôt indigné du foin que ses parents et éducateurs on fait autour de ce qu'il estime être un petit incident. C'est presque plus fort que lui, s'il est publiquement et injustement attaqué, il se sent obligé de faire face et il est prêt à assumer la responsabilité de tous ses actes.

Là où Guillaume situe son véritable problème, c'est qu'il est trop franc. Comme le monde tel qu'il est profite plus aux hypocrites qu'aux personnes qui ont l'honnêteté de leurs actes, dès qu'il a maille à partir avec une personne, il est le seul à avouer sa responsabilité, donc le seul à être puni.

Interrogé sur le pourquoi de son attitude, Guillaume répond du tac au tac : « Moi, je ne suis pas un faux-cul comme mes parents, quand j'ai quelque chose à dire, je le dis et tant pis si ça ne plaît pas. »

Hypocrisie

Tolérance ! C'est un mot que Stéphane aime tant qu'il a baptisé sa société de développement personnel de ce nom en référence aux valeurs humanistes qu'il voudrait véhiculer. Quand cet ingénieur commercial de 45 ans au sourire toujours poli et au look vestimentaire volontairement humble a découvert la communication non violente, ça a été le coup de foudre immédiat et le sentiment qu'il allait enfin pouvoir trouver sa place dans la société.

Il a depuis appris à filtrer toutes ses phrases et à les reformuler sous forme d'explications comprenant sujet verbe complément et justification en fonction de son propre ressenti. Depuis ce moment, tout dans sa vie est devenu tolérance, épanouissement et communication. Tout, enfin presque, parce que, lorsqu'il s'est rendu compte que le monde était peuplé de pervers, il s'est mis à boire. Au fond, n'est-il pas victime du système, lui, le seul homme au monde qui respecte les codes ? Qu'importe. Il poursuit sa croisade pour apprendre aux gens la tolérance, de gré ou de force.

Les deux revers de la méfiance

Que l'on choisisse le terme violent de « haine » ou celui plus politiquement correct de « désaccord », la douloureuse différence de point de vue avec l'autre peut trouver solution dans deux stratégies diamétralement opposées.

• *La franchise,* telle que la pratique Guillaume, consiste à exposer crûment la nature de son désaccord devant autrui quel que soit le choc que cette communication peut occasionner. L'idée est de se montrer le plus transparent possible pour ne plus laisser aucune équivoque.

• *La diplomatie,* telle que Stéphane la pratique, consiste à enrober sa communication d'un maximum de précautions pour ne pas heurter l'autre tout en s'assurant de lui avoir tout de même fait part de son désaccord. Étymologiquement, l'hypocrite est celui qui est *hypo* (en dessous) *crisis* (crise), « qui se tient en deçà de la crise ». Étant donné l'impossibilité de se disputer avec lui, Stéphane est donc hypocrite au sens premier du terme.

Une question mériterait maintenant d'être posée : lequel, entre Guillaume et Stéphane, est le plus respectueux de son interlocuteur ?

Si le respect se mesure en terme de politesse, c'est à l'évidence à la diplomatie de Stéphane que reviendrait la palme.

Mais si le respect de l'autre passe par son droit à connaître la nature du ressenti que l'on éprouve pour lui, ce sera Guillaume qui emportera le titre.

Les termes d'hypocrisie et de provocation ne sont jamais que ce qu'en disent les « parties adverses ».

Les experts en diplomatie considèrent ceux qui disent les choses telles qu'elles sont comme des provocateurs. Pour Stéphane, tous ceux qui ne respectent pas les codes de la communication non violente sont des brutes perverses.

Les adeptes du parler franc considèrent les contorsions de langage comme un pur exercice d'hypocrisie et de dissimulation. Pour Guillaume, le monde des adultes est rempli d'hypocrites et il estime ses parents en bonne voie pour y figurer en tête de peloton.

Rééquilibrer son respect

La roue du respect

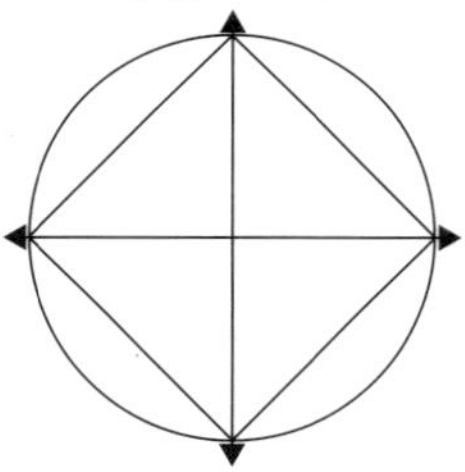

Les apôtres de la tolérance ont beau ânonner leurs lénifiants couplets dans la veine de : « Et si tous les hommes du monde se donnaient la main », il est difficile de laisser l'autre être tel qu'il est tout en restant soi-même respectueux de sa propre nature.

La première erreur consisterait à penser que le respect ne fonctionne que dans un sens.

- Se faire respecter sans respecter l'autre n'est que le délire de tyrans de supermarché qui imaginent que dans la relation, il n'y a jamais la place que pour le désir d'un seul des deux membres. C'est l'apanage du faible et cela dénote une grande pauvreté tant personnelle que relationnelle.
- Respecter l'autre sans se faire respecter soi-même est non seulement un signe de faiblesse, mais c'est aussi un manque de respect de l'interlocuteur que de le considérer comme incapable de supporter que l'on ait un avis différent du sien.

Le respect, s'il existe, est un lien dynamique qui appartient aux deux interlocuteurs.

Et la manipulation, dans tout ça ?

S'il devait exister un candidat pour nommer l'attitude contraire à celle de « respect », le mot « manipulation » figurerait en bonne place pour emporter le marché.

À contempler le graphique en croix qui dépeint les quatre positions face au respect, d'aucuns seraient tentés de rechercher de quel côté se trouvent les manipulateurs. Le légitime est pour certains le candidat idéal, mais les plus méfiants lui préféreront l'hypocrite. Quitte à décevoir les tenants de tel ou tel camp, la manipulation peut se retrouver partout et elle peut prendre des formes bien visibles comme la provocation, tout comme elle peut se dissimuler derrière le parfum d'innocence de la soumission.

Nous partirons donc du principe que tout le monde est de temps à autre manipulateur. La question n'est donc plus : « Qui l'est et qui ne l'est pas ? », mais bien : « Quand sommes-nous manipulateurs et quand ne le sommes-nous pas ? » Douloureuse, cette question ! D'autant que personne n'aime s'avouer qu'il a recours à des moyens obscurs pour obtenir d'autrui ce qu'il désire. Pour ceux qui auraient du mal à s'évaluer, il existe un indice presque infaillible qui permet de jauger la propension d'une personne à pratiquer la manipulation : sa haine ou sa fascination pour les autres manipulateurs.

Utiliser le miroir relationnel

Celui qui veut rééquilibrer son respect doit d'abord faire un bilan de son monde relationnel considéré sous cet angle. L'une des manières les plus simples consiste à se positionner soi-même sur la croix des quatre attitudes et d'y placer l'ensemble de son entourage propre. (Voir fiche thérapeutique 2, « Le miroir relationnel », page 190.)

Rappelez-vous seulement que ce positionnement est une échelle relative et qu'elle n'est valable que dans les relations que vous entretenez avec votre entourage. Une autre personne proche de vous pourrait placer les mêmes personnages dans d'autres parties du cadran. D'ailleurs, cela peut s'avérer très riche d'enseignements que de donner à un proche le soin de placer les mêmes personnages sur une grille vierge. Essayez !

Faire tourner la roue

La perfection n'est pas de ce monde. Une relation 100 % respectueuse n'existe tout bonnement pas. S'il y a problème de respect, c'est que vous êtes rigidement fixé sur l'une des branches, à moins que vous soyez brutalement projeté d'un côté à l'autre. La thérapie consiste alors à assouplir son comportement, c'est-à-dire développer les trois autres branches. (Voir fiche thérapeutique 3 « Faire tourner la roue », page 192.)

Si vous êtes coincé dans un extrême, il est toujours préférable de passer par le carré (les deux branches latérales) avant d'aborder la polarité opposée de façon frontale.

Les quatre vertus correspondant aux aspects bénéfiques des quatre pôles que nous avons étudiés peuvent se définir ainsi :

➤ Stabilité : travail postural

Aussi surprenant que cela puisse sembler aux soumis, la domination est presque exclusivement une question de communication non verbale. Vous améliorerez très nettement votre envergure sociale en travaillant les quelques paramètres suivants :

— un dos bien droit avec des épaules détendues ;

— assis ou debout, de pieds solidement campés sur le sol ;

— des mouvements lents, un regard direct ;
— une utilisation minimaliste de la parole accompagnée d'un ton ferme.

Tout cela pourra vous garantir 80 % de votre effet. Impressionnant ! Cela peut sembler tellement simple que l'on ne pense pas cela possible. Une expérience toute simple peut être tentée dans un espace public.

Tenez-vous immobile au milieu d'un flot de passants (métro, centre commercial…) :

• Commencez par adopter une posture soumise, un regard qui tombe, une colonne voûtée et des épaules presque collées aux oreilles tellement elles sont tendues. Restez dans cet état deux à trois minutes et comptez le nombre de personnes qui vous bousculent.

• Toujours à la même place, adoptez un regard qui porte loin à l'horizon, un dos bien droit et des pieds bien campés sur le sol. Comparez le nombre de personnes qui vous bousculent avec la situation n° 1.

➤ Remise en question : accepter la faille

Le point fondamental avec l'attitude d'humilité est qu'il ne faut pas la confondre avec celle d'indignité. Dans la dernière, le sentiment qui domine est d'être soi-même le dernier de tout et, dès lors, de ne mériter aucun égard dans la relation. L'attitude d'humilité consiste à se percevoir soi-même dans son ensemble comme un véritable être humain, c'est-à-dire un être fait avec ses qualités et ses faiblesses.

Pour cultiver l'humilité dans vos relations et faire éclater comme une bulle de savon le sentiment d'être une personne d'exception, l'antidote est très simple. Il suffit, en parlant normalement à son interlocuteur, de penser à ses pires défauts personnels, tout en envisageant que l'autre puisse en avoir, lui aussi.

➤ Transparence : tous dans le même aquarium !

Il est vrai que, comme l'affirment ceux qui craignent de choquer, s'il n'y a pas de divergence, il n'y a pas non plus de conflit. Mais sommes-nous responsables d'être ce que nous sommes, de ressentir ce que nous ressentons et de penser ce que nous pensons ? Assumer sereinement cet état de fait demande de prendre conscience de l'aspect automatique et involontaire de ce qui passe dans la tête et le cœur de tout un chacun. Voici un exercice de visualisation pour s'y familiariser. Cette technique peut être pratiquée idéalement en salle d'attente ou dans le métro, en présence de gens mais sans avoir rien d'autre à faire.

VISUALISATION :
TOUS DANS LE MÊME BAIN[1]

1. **Posture :** asseyez-vous le dos bien droit, les épaules détendues et portez votre regard au niveau du sol, à deux-trois mètres devant vos pieds.
2. **Respiration :** commencez à faire attention à vos mouvements de respiration et visualisez progressivement le trajet de l'air qui démarre de vos narines et qui se dirige vers vos poumons pour rejoindre à nouveau l'extérieur. Concentrez-vous sur la circulation d'air jusqu'à ce que vous ressentiez bien cet air qui rentre et sort de votre corps.
3. **Conscience de l'autre :** portez votre attention sur une personne sans la fixer du regard pour autant et imaginez les flots d'air qui rentrent et sortent de ses poumons à elle quand ils se remplissent et se vident cycliquement d'air.
4. **Conscience des échanges :** une fois que l'image est bien claire, ajoutez-y la conscience de votre propre respiration de sorte que

1. Cette technique de visualisation est disponible sur le site : www.therapie-dialectique.net.

vous soyez tous deux en train de respirer le même air. Vous pouvez, si vous le souhaitez, étendre cette conscience à autant de personnes qu'il y a de membres de votre entourage. L'important étant de maintenir un tableau global d'un même air respiré par tous.

5. **Conscience des émotions** : quand l'air passe dans vos poumons, imaginez que votre cœur ajoute à l'air expiré des émotions qui sortent de votre bouche sous la forme de gaz colorés.

6. **Conscience des émotions des autres** : ces gaz colorés viennent se mêler à ceux produits par les émotions de toutes les personnes présentes de sorte que tous baignent dans un bain d'émotion multicolore que chacun respire puis expire légèrement.

7. **Échange :** passez maintenant une trentaine de respirations à échanger avec d'autres des émotions et observer ce que suscitent en vous vos contenus internes se mélangeant avec ceux des autres.

➤ Tact : se recentrer sur son vécu subjectif

S'il y a des mots qui tuent, les reproches et les accusations consistent à attribuer à autrui la responsabilité de notre souffrance. On peut reprocher à une personne d'avoir eu un comportement qui nous a fait mal. Cependant, la nature précise de cette douleur, que ce soit un sentiment d'abandon, de colère, un sentiment d'être humilié ou toute autre réaction n'appartient qu'à nous-même. Une autre personne que nous, exposée à une même situation, aurait probablement eu une réaction différente.

Il est donc capital de faire la distinction entre les faits et les sentiments subjectifs et l'usage des tournures telles que : « Je ressens ça quand ton comportement est ainsi. » Insister sur la distinction entre les faits et les ressentis permet de désamorcer bien des conflits. Pour ceux qui désireraient cultiver plus avant cet aspect, l'art de parler avec un tact qui ne soit pas hypocrite est décrit à merveille dans les manuels de communication non violente (voir bibliographie, page 197) ainsi que dans les articles sur Internet qui s'y réfèrent.

Vision : le droit de penser différemment

Si on examine de près le fatras mental qui déferle perpétuellement en nous et qu'on en retire les perceptions sensorielles (une odeur de gaufres de Liège me vient aux narines), les commentaires mentaux sur les perceptions (Mmm, j'en mangerais bien une…), les complications morales (Est-ce bon pour ma ligne ?) et les diverses distractions (La dernière fois que j'en ai mangé une avec mon ami Raoul) il ne reste plus grand-chose dans mon esprit. La constatation est navrante : si le débit de « blablabla » mental qui se déverse dans nos esprits est proche de celui des chutes du Niagara, l'activité mentale véritablement créative est rare, à la limite de l'inexistence. L'écrasante majorité de nos pensées sont des vieux trucs que nous ressassons. Les vraies idées neuves qui débouchent sur quelque chose d'utile sont rares et, malheureusement, noyées dans la masse d'inutiles agitations neuronales que nous déverse quotidiennement notre cerveau.

La capacité de générer des idées véritablement neuves et utiles figure parmi les qualités humaines les plus subtiles et raffinées. Cependant cette potentialité peut conduire à des déséquilibres dans deux domaines fondamentaux : la réalité et la loi. Chacun de ces derniers domaines peut être divisé en une paire d'opposés :

• pour les troubles de la réalité : la bizarrerie et la déréalisation ;

• pour les troubles de la loi : la rébellion et le légalisme.

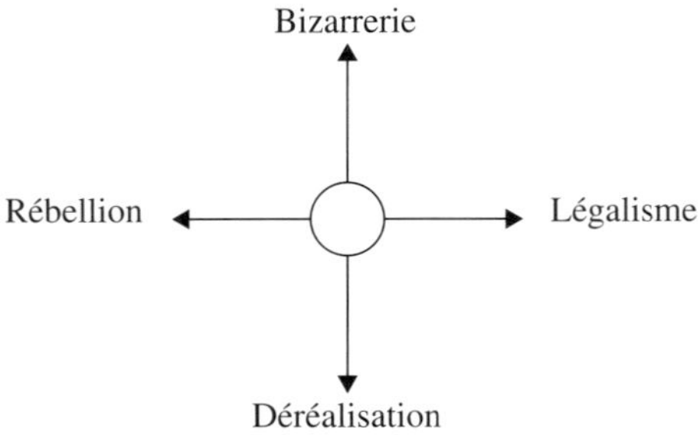

La folie, ou les déformations de la réalité

Le film *Matrix* nous a un peu familiarisés avec l'idée que les choses pourraient être en réalité bien différentes que ce qu'elles paraissent être. La philosophie elle-même n'est-elle pas une discipline de l'esprit qui nous entraîne à sortir des illusions collectives pour discerner ce qui existe réellement ? Le sentiment que la réalité est sujette à suspicion peut mener la personne vers deux extrêmes : la folie et la déréalisation.

Bizarrerie

L'air à mi-chemin entre l'étonnement et le « je-m'en-foutisme » donne à Gilbert une attitude qui marque dès le premier contact. Célibataire par choix malgré son succès auprès de la gent féminine, il poursuit son petit bonhomme de chemin entre son boulot de traiteur, son petit groupe de copains, son

pétard du soir pour se libérer l'esprit et surtout l'activité qui constitue la pierre angulaire de son existence : la philosophie.
Ce ne sont pas des Nietzsche ou des Kant qui font décoller Gilbert dans la quatrième dimension, ce sont ses réflexions à lui sur l'existence. Il n'a de comptes à rendre à personne et n'envisage de faire aucun émule autour de lui. Il garde pour lui les fruits de sa réflexion et se contente d'observer ses contemporains de ses grands yeux verts. Il établit des liens avec tout et, poussant toujours plus loin les raisonnements, il commence à utiliser des mots à lui pour s'exprimer, non pas qu'il ait oublié ceux du dictionnaire, mais il trouve les siens plus appropriés à véhiculer sa pensée.
À mesure qu'il progresse dans ses raisonnements, Gilbert se rend compte que la réalité dans laquelle vivent ses contemporains n'a aucun sens et que ses contemporains se meuvent aveuglément dans une folie collective.
À toutes les personnes qui voudraient lui signifier qu'il s'est trop éloigné de la normalité, qu'il est schizophrène ou simplement fou, Gilbert les gratifie d'un petit sourire en coin qui semble dire : « La majorité n'a pas forcément raison. »
Gilbert ne se sent pas fou, il est simplement « alter-réaliste ».

Déréalisation

« Vous pensez quoi de l'homosexualité ? » Cette question aurait été fort banale dans une conversation de comptoir, mais son incongruité dans un entretien psychothérapeutique m'a surpris. Yann, qui vient consulter pour un problème d'angoisse diffuse, est spécialiste de ce genre de question à brûle-pourpoint. Il a 35 ans mais son crâne rasé et son air indéfinissable lui en donnent plus, malgré tous les efforts qu'il fait pour paraître jeune.
Cet homme aux manières raffinées et à la cadence verbale vertigineuse se pose en permanence des questions. Il s'interroge autant sur son orientation sexuelle que sur la nature même de

l'atome. Tout y passe, tout s'échafaude et tout s'effondre dans les cinq minutes qui suivent.

À l'approche des fêtes, son teint déjà diaphane a tourné au livide. Il tremble et transpire. Son activité mentale est devenue une mitrailleuse philosophique. En proie à l'agitation, il vient demander un entretien en urgence.

« Si ça se trouve, vous n'existez pas, ni même votre bureau, ni même le cosmos tout autour ! »

Quand son esprit s'enfièvre, plus rien ne peut l'arrêter. Le monde semble se dérober sous ses pieds et tout ce qui faisait les repères de son existence deviennent flous au point de sembler irréels. Tout se passe alors comme s'il rêvait son existence sans trop y croire. Cet état pourrait être une expérience psychédélique chez un poète, mais elle est en vérité extrêmement angoissante pour Yann. Plus il a peur, plus il échafaude des théories cosmiques et plus il se perd.

Il n'écoute plus ce que je veux lui dire et tente de plus belle de me persuader de la véracité de ses envolées métaphysiques : « La matière n'existe pas, elle n'est qu'énergie pure… Tout est illusion. »

Dans cet état d'agitation extrême, il n'y a plus que les sensations fortes qui peuvent le ramener à la réalité. Pensant un moment lui mettre une bonne paire de baffes, j'opte pour la solution qui consiste à l'agripper par le col et à le secouer en lui disant : « Maintenant, c'est fini, Yann. »

Les deux faces du rapport à la réalité

Même si la société a imprimé dans nos esprits les sacro-saints préceptes de ce qui existe et de ce qui n'existe pas, il y a en chacun de nous une propension à recréer un sens personnel au monde. Qu'on la nomme « graine de folie » ou « poésie », cette tendance à dissoudre la réalité pour en reconstruire une autre est une arme à double tranchant. D'un côté, elle permet de retrouver une certaine liberté dans la gestion de ses idées. C'est là que naissent l'originalité, la poésie, la création artistique… d'un autre côté, avoir l'outrecuidance de décider par soi-même de ce qui existe ou non emmène vers des formes de dérapage souvent non contrôlées. La tendance à construire sa propre réalité entre en lutte avec la réalité commune. Cette bataille peut mener à deux extrêmes.

- *L'originalité* : soit, comme dans le cas de Gilbert c'est notre petite réalité personnelle qui triomphe et l'individu s'installe dans un univers parallèle où le sens qu'il donne aux choses l'éloigne de plus en plus de ses contemporains.
- *La déréalisation* : soit comme dans le cas de Yann, aucune des deux réalités ne lui offre une base suffisante pour interagir dans le monde, il se trouve alors contraint à les rejeter toutes les deux, se condamnant lui-même à errer dans les limbes de l'absurde, puisque plus rien n'a de sens.

La loi ou ce qui est juste

Bien plus que le simple fait de se conformer ou non à un règlement, le problème de la loi consiste à se poser en profondeur la question de ce qui est juste et injuste. Le droit et l'histoire sont probablement les deux sciences qui ont le plus apporté d'eau à ce moulin. Les effets secondaires de ce type de réflexion peuvent entraîner les attitudes suivantes : rébellion et légalisme.

Rébellion

Quelque chose d'assez impressionnant émane de Yolande. Est-ce sa coiffure « afro » et son regard rougi et fixe qui l'auréolent d'une aura de grande prêtresse ? Difficile à dire, en tout cas, cette jeune femme d'origine africaine marque les esprits. Pas toujours en bien d'ailleurs, car elle s'est retrouvée dans de tels conflits professionnels que depuis plus d'un an maintenant elle est en incapacité de travailler, terrassée par des attaques de panique.

Depuis l'adolescence, Yolande a toujours eu un statut à part. Elle ne se sent pas africaine pas plus qu'elle ne se sent « Bounty » (une Noire qui renie ses origines). Quand elle a quelque chose à dire, elle va droit au but et elle ne mâche pas ses mots, surtout pour dénoncer des injustices. Le simple mot suffit à lui provoquer des boutons et elle ne déteste rien autant qu'un groupe entier qui se ligue contre l'un ou l'autre individu plus marginal. C'est d'ailleurs en portant secours à des victimes de harcèlement moral qu'elle s'est mis à dos une partie de son groupe de collègues. Personne n'ose l'affronter de face mais, derrière son dos, les ragots vont bon train.
Un contrôle médical qui a presque tourné au viol a achevé de l'installer dans une certitude : les gens ne sont pas fiables. Ce ne sont pas tant les individus en particulier qui lui font peur : elle est suffisamment bagarreuse (verbalement) pour pouvoir leur tenir tête. Ce qu'elle craint, c'est la propension générale à faire le mal qui peut s'emparer de n'importe qui et lui faire commettre des choses moches sans qu'il ait conscience de son propre pouvoir de destruction. C'est sans doute pour cela qu'elle est à ce point mal à l'aise de parler de possession et de maraboutage.

Légalisme

Viviane est très gênée en venant consulter. Cette juriste de 30 ans trouve ses tracas à ce point ridicules qu'elle regarde ses pieds avant de les confier à son psy. Trouvant dans un « Allez, on y va ! » le courage d'en parler, elle confie souffrir

d'une variété tout à fait rare de troubles obsessionnels : des obsessions blasphématoires. Concrètement, elle est tenaillée par une peur de dire ou penser du mal de tout ce qui concerne la religion. Sa tâche n'est pas facilitée par le fait qu'elle est très révoltée tant par les injustices dans le monde que les abus de pouvoir de l'Église. Chaque fois que lui viennent ces idées offensant le Créateur ou ses ministres, elle doit faire pénitence et répéter sa contrition jusqu'à ce que disparaisse en elle toute velléité. Bien consciente qu'il est impossible de ne pas penser à quelque chose, tous les moments où sa concentration n'est pas accaparée par une tâche d'importance, elle les passe à se contorsionner l'esprit pour ne pas penser à ce qui est tabou. L'exercice est d'autant plus ridicule qu'elle n'est pas certaine de croire en Dieu. Oups, c'est déjà un blasphème de dire ça !
Il n'est pas certain qu'elle aille un jour au paradis, mais sa vie actuelle ressemble bien à un enfer.

Les jeux de la rébellion et du légalisme

Considéré jadis comme un synonyme de satanisme, le mot « rebelle » est devenu à ce point populaire qu'il paraît inconcevable pour une rock star, par exemple, de ne pas l'être. Par souci de marketing, ces voyous d'opérettes rivalisent d'attitudes et de propos choquants. Ne nous y trompons pas, cette attitude n'a rien à voir avec une remise en question profonde des fondements de notre société, il s'agit uniquement de conformisme.

Une fois que l'intelligence se raffine suffisamment pour comprendre en profondeur ce qu'est une loi, une véritable réflexion sur la justice et sur sa mise en application dans la vie de tous les jours plonge la personne dans un dilemme insupportable : révolte ou obéissance.

• *La révolte* : Yolande s'est rapidement rendu compte que les beaux principes derrière lesquels se dissimulent les braves gens sonnaient creux et que les foudres de l'arbitraire s'abattaient sur tout individu qui a l'impudence de sortir un tant soit peu du modèle établi. Elle est devenue rebelle et s'est aperçue qu'il fallait parfois payer un prix très lourd pour son indépendance.

• *L'obéissance* : tout aussi révoltée mais moins dotée d'une propension à rentrer dans le lard, Viviane a choisi de plier devant l'autorité. Cette dernière émanant de Dieu lui-même, les chances de triomphe son évidemment bien minces.

L'une plutôt athée et rebelle et l'autre plutôt croyante et obéissante butent pour une question que rencontre toute personne qui examine avec honnêteté et intelligence le monde, vu sous l'angle de la justice en tant que promotion du Bien. Que l'on nomme cette propension « diable » ou « instinct reptilien », la propension humaine à faire du mal n'existe pas que dans l'imagination enfiévrée des paranoïaques. Cependant, entre la naïveté suicidaire et la méfiance absolue, il est possible de trouver un équilibre plus avantageux.

Rééquilibrer ses problèmes liés à la vision du monde

La roue de la vision du monde

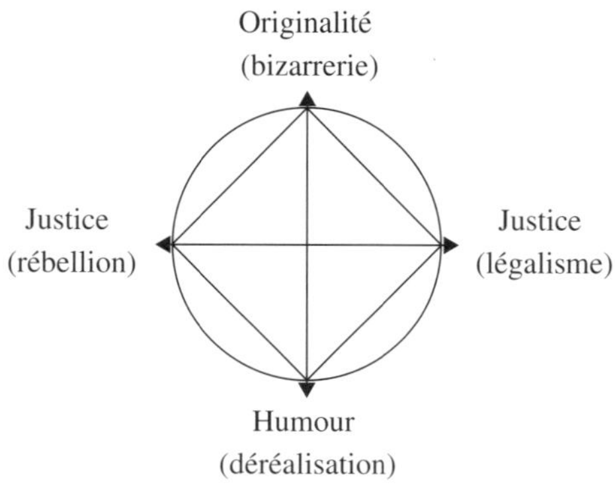

Principe général : dangers et grandeur de la pensée libre

➤ La réalité ordinaire

Tout un chacun, tel Monsieur Jourdain, évolue à son insu dans une vision du monde qui lui est propre. Pour la majorité des gens, cette vision est constituée d'un assemblage de sensations, de valeurs et de significations qu'ils ont intégralement reçues de leur milieu d'appartenance. Face à ce « pack » de significations qui deviendra pour eux « la réalité », ils ne se permettront que de petits aménagements qui ne changent pas grand-chose à leur vie. Par exemple, que je sois ou non persuadé de l'existence d'extraterrestres ne change pas grand-chose à ma vie. Tant que la pensée se contente de ressasser des banalités comme : « Tiens, il fait beau », ou : « Il est toujours préférable d'emprunter à taux fixe ! », l'activité créatrice mentale est dormante et est donc sans danger.

➤ Le pouvoir de la pensée

Quand s'éveille la capacité de penser les choses par soi-même, c'est-à-dire de générer une vision du monde véritablement originale, une infinité de perspectives et de possibles s'ouvre à la conscience au point que la « réalité de M. Tout-le-Monde » commence à apparaître telle qu'elle est véritablement : c'est-à-dire un délire collectif parmi tous les délires possibles.

➤ L'isolement du penseur

Le développement du pouvoir de la pensée se passerait à merveille s'il ne faisait qu'ouvrir l'esprit à différents possibles, mais il engendre un effet secondaire déplorable. À mesure que se construit une vision réellement personnelle du monde, l'individu se sent prendre de plus en plus de distance face à la réalité collective. Cette distanciation peut prendre la forme d'un simple mépris pour « ces crétins qui pensent comme tout le monde » ou virer à une allergie totale à la réalité collective, telle qu'on la retrouve dans certaines formes de schizophrénie. Que l'on soit plongé dans le mépris ou dans la folie pure, le résultat est invariablement un sentiment de séparation et d'isolement par rapport aux autres qui conduit progressivement à une incapacité à communiquer avec ses semblables, qui ne sont d'ailleurs plus si semblables que ça puisqu'on n'arrive plus à trouver de terrain d'entente.

Il est vrai que la réalité et la loi sont des croyances, certes partagées par l'ensemble de la société, mais des croyances tout de même. Dans d'autres sociétés, les choses pourraient être considérées d'une manière radicalement différente. D'une certaine manière, elles sont donc des délires collectifs mais servent aussi à poser des bases communes dans notre société. Ces deux instances sont pourtant les garantes de la possibilité d'une vie collective et celui qui s'en éloigne ne peut que s'en exclure.

➤ Utiliser le miroir relationnel

Faire un bon état des lieux implique de prendre conscience de ce que l'attitude de nos proches est capable d'induire chez nous.

Voir fiche thérapeutique 2 « Le miroir relationnel », page 190.

➤ Faire tourner la roue

Sortir des souffrances liées à la roue de la vision du monde nécessite d'en avoir expérimenté les quatre pôles. Voici quelques suggestions à expérimenter avec ceux avec lesquels vous n'êtes pas à l'aise.

Voir fiche thérapeutique 3 « Faire tourner la roue », page 192.

L'humour : la juste distance face aux conflits de réalité

Pour survivre à cette guerre qui se livre entre une vision collective et une vision personnelle sans s'aplatir (le normopathe ou le légaliste) ni virer dans le rejet de la vision du monde collective (le bizarre ou le rebelle), il n'existe qu'une attitude mentalement saine : elle s'appelle l'humour. Prenons une blague de cour de récréation :

Trois fous passent un examen destiné à évaluer s'ils ont recouvré la raison et s'ils sont capables de se débrouiller en dehors de l'hôpital. Le premier rentre dans le bureau du médecin et celui-ci lui demande combien font 4 + 5. Sans hésiter, le malade répond « Banane ». Le médecin le remercie et lui dit qu'il lui faudra encore rester un petit temps à l'hôpital.
Le deuxième fait son entrée et le psychiatre lui pose la même question. Sachant que son copain vient de se faire recaler, il prend quelques minutes de réflexion et lance un prudent « Jacques Chirac ». Avec un soupir, le psychiatre complète le formulaire destiné à prolonger l'hospitalisation de son deuxième patient.
Quand le troisième patient passe la porte de son cabinet, le psychiatre n'a plus beaucoup d'espoir mais lance tout de même son « combien font 4 + 5 ? ». Le patient lève un bref instant les yeux au ciel et répond « 9, pourquoi ? ». Tout content de ses talents de thérapeute, le psychiatre félicite son patient et lui remet son certificat de sortie.
Les deux patients recalés demandent à leur compagnon comment il a fait pour passer le test. Ce dernier leur répond : « Facile, j'ai divisé Jacques Chirac par banane ! »

Bien plus qu'une simple activité de distraction, le véritable humour consiste à se jouer des différents plans de réalité. Ici se côtoient deux niveaux de réalité : un psychiatre qui pense être enfin en face d'une personne sensée et un homme qui est encore plus fou que les deux premiers. La tension comique se produit quand se télescopent les deux visions du monde. Le véritable humour n'est donc pas un artifice inutile de l'esprit humain mais un mécanisme de survie permettant de surmonter la tension qui peut se créer entre les différents niveaux de réalité.

La créativité artistique

Une autre manière de jongler avec les différents niveaux de réalité consiste à créer une œuvre d'art. À la différence du fou qui est incapable de communiquer de façon satisfaisante sa vision des choses, l'artiste est celui qui se bat avec ses matériaux (peinture, mots, terre, bois, lumière…) pour leur donner une forme propre à véhiculer sa vision personnelle, tout en la rendant accessible aux autres qui peuvent s'en imprégner par la simple vision de l'œuvre.

C'est bien sûr une activité en soi frustrante et laborieuse parce que l'œuvre ne sera jamais aussi belle que la vision, mais à quoi sert une vision personnelle si elle ne peut être communiquée à autrui ?

Il est donc vivement recommandé à ceux qui veulent explorer les méandres de la liberté de s'astreindre à traduire leur vision sur un support artistique.

L'œuvre d'art ne serait-elle pas une façon de stabiliser l'humour, à moins que ce soit l'humour qui soit une forme instantanée d'œuvre d'art ?

L'observation de la pensée

Toute personne qui désire véritablement développer le pouvoir de sa pensée devrait commencer par apprendre à mettre son esprit au repos pour ne pas se retrouver hypnotisée par les pensées et les visions que son esprit aurait générées. La pratique de la méditation est en soi un exercice d'hygiène mentale très salutaire. En voici un parmi tant d'autres.

LA VISUALISATION DE LA RIVIÈRE[1]

1. Asseyez-vous confortablement sur une chaise en vous assurant que votre dos soit le plus droit et le plus vertical possible sans, toutefois, que cela ne vire au garde-à-vous rigide.
2. Prenez le temps de ressentir le contact de vos pieds avec le sol et de vos fesses avec la chaise ; réajustez s'il le faut la verticalité de votre colonne vertébrale.
3. Fermez les yeux et commencez à vous visualiser dans une rivière peu profonde, avec vos pieds immergés et le courant qui passe tout autour.
4. Le courant qui vous traverse correspond à vos pensées. Tentez de les observer dans leur décours, d'en devenir le témoin sans y intervenir, juste en les laissant passer. Une pensée s'enchaîne à une autre pensée et ainsi de suite.
5. Dès que le courant est trop fort et que vous vous laissez embarquer par votre pensée, vous retournez à votre point de départ et reprenez votre position.
6. Il est tout à fait normal de se laisser emporter par sa pensée et chaque fois que vous le constaterez et que vous reviendrez à votre poste d'observation, ce sera une nouvelle victoire engrangée.

Le devoir d'ingérence

Il peut être très inconfortable de se retrouver, telles Yolande et Viviane, perpétuellement irrité par un sentiment d'injustice

1. Vous trouverez une version MP3 de cette technique sur le site : www.therapie-dialectique.net.

face aux innombrables abus constatés en politique internationale comme au bureau. Le sentiment de révolte et de vouloir faire péter tout le système est difficile à gérer, plus encore pour les femmes qui, jusqu'il y a peu, étaient priées de s'occuper du minestrone plutôt que d'intervenir sur la scène publique.

La rébellion, dans l'humanité, peut engendrer le meilleur comme le pire. Dans cette catégorie d'êtres humains se côtoient des Mahatma Gandhi et des Adolf Hitler. Assumer sa nature de rebelle, c'est prendre le parti que le monde est plein d'injustices et que si on n'intervient pas soi-même pour améliorer la justice dans sa famille ou au niveau international, la place sera prise par d'autres pas toujours aussi bien intentionnés.

S'il ne veut pas suffoquer dans la haine et l'acrimonie, le rebelle se doit d'intervenir sur les affaires de la cité ; n'est-ce pas là sa nature ? Et s'il y a des représailles, ne vaut-il pas mieux mourir debout que vivre à genoux ?

Le recours à une médication

Au risque de heurter la sensibilité des athlètes de la surréalité tels que Gilbert, l'éloignement d'avec la réalité collective peut s'avérer un tragique handicap quand cette dernière cesse d'être accessible. Égaré dans sa vision personnelle, le délirant perd la capacité de communiquer et, du même coup, son statut d'être humain en tant que membre d'une espèce.

Lorsqu'on est à la recherche de la vérité ultime, il peut être très excitant de s'éloigner des sentiers battus, mais les dangers sont réels et le basculement dans la folie peut survenir à tout moment. D'ici qu'il devienne possible à l'être humain de bénéficier de son pouvoir mental en toute liberté et sans risque, il existe des médicaments qui aident au retour à la réalité : les neuroleptiques.

Prendre des pilules pour revenir à la réalité n'est évidemment pas aussi drôle que de s'administrer un hallucinogène pour s'aventurer dans la cinquième dimension. Cependant, la perte de la capacité d'avoir une vraie communication avec ses semblables est un réel handicap auquel remédie assez efficacement le recours aux neuroleptiques. Ce n'est pas miraculeux, mais, là où en est la science, c'est déjà un progrès qui évite souvent un passage désagréable par une hospitalisation en psychiatrie.

➤ Trouver son maître

Si l'un de ces quatre pôles suscite en vous du rejet ou de l'incompréhension, il est possible d'utiliser cette aversion comme moteur thérapeutique.

Voir fiche thérapeutique 4, page 196.

DEUXIÈME PARTIE

Se lier

Je suis né tout nu et si je n'avais pas pu compter sur l'aide fortuite de parents pour s'occuper de moi, je n'aurais pas fait long feu. Les nombreuses années qui me séparent de cet événement ont été le théâtre de nets progrès au niveau de l'autonomie. J'ai appris à marcher, à parler, à me nourrir seul, à gagner ma vie… à me faire un réseau social, à réfléchir à plein de trucs et à accumuler toute une série d'idées qui me servent à ouvrir des conserves quand aucun ouvre-boîtes n'est accessible ou à trouver un sens métaphysique à mon existence.

Tout ce que j'ai accumulé dans cette vie, ce que j'« ai », ce que je possède, fait à ce point partie de ma vie quotidienne que je finirais presque par penser que cela m'appartient pour de bon.

Pourtant, le moindre accident me priverait de l'usage de mes jambes, de la pensée ou de la présence de ceux que j'aime. Et que dire de la mort qui finira par me dépouiller des ultimes possessions dont je dispose depuis le début : mon corps physique et ma vie ?

Notre bien-être physique ou psychologique dépend de la présence simultanée de nombreuses conditions matérielles, sociales, intellectuelles…

Parmi toutes les choses auxquelles nous serons appelés à nous lier, trois catégories sont régies par leurs propres lois :

— le lien aux choses ou sécurité,
— le lien aux êtres ou confiance,
— le lien au groupe ou intégration.

Sécurité : sa place dans l'environnement

Quitte à faire se retourner Mao dans sa tombe, il existe un point commun central entre Karl Marx et Bouddha. Tous deux partageaient la vision selon laquelle il y avait quelque chose de profondément tordu dans le rapport unissant l'homme à ses possessions. Le seul véritable point de désaccord entre les deux hommes portait sur les moyens à utiliser : là où le révolutionnaire matérialiste préconisait l'effort collectif pour faire passer toute propriété au groupe, le spiritualiste indien suggérait un effort individuel pour se libérer de ses attachements.

Autant dire que la question du lien au monde matériel est d'une importance qui dépasse de loin le seul cadre économique et physiologique pour venir se répandre au sein de toutes les disciplines de sciences humaines : spiritualité, politique, psychologie, histoire…

Ce sentiment d'être en lien avec les choses peut se décliner selon deux angles :

— la propriété,

— la responsabilité.

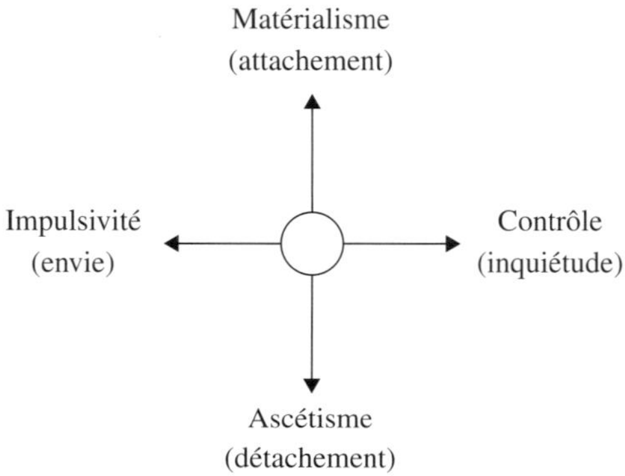

La propriété ou l'attachement aux choses

Un véritable sculpteur sur bois ne travaille pas avec n'importe quel instrument. De la qualité du ciseau à bois ainsi que de la manière dont celui-ci a été affûté dépendra la qualité du travail effectué. Quoi d'étonnant à ce que l'ébéniste tienne tant à ses outils, d'autant qu'il les a tellement tenus que sa main et l'outil se sont adaptés l'un à l'autre. Dans les mains de l'ébéniste tout comme dans celle de tout autre artiste, l'outil est devenu prolongement de la main.

Sans aller jusqu'à devenir artiste, il existe chez l'être humain une capacité à se sentir faire un avec les objets. Cette tendance, *via* l'outil, a permis à l'espèce humaine de gagner une suprématie absolue sur les autres espèces animales, mais elle est aussi responsable de bien des souffrances.

Matérialisme

Si Patrick occupe beaucoup de place, ce n'est pas lié à une propension quelconque à l'obésité. C'est d'abord par la parole que cet incorrigible bavard envahit tout l'espace.

Ce n'est pourtant pas pour se soigner de sa verve que ce père de deux enfants quinquagénaire demande de l'aide : il souffre de l'une des variétés les plus rares des troubles obsessionnels : celle du collectionneur.

Grand accumulateur d'objets devant l'Éternel, il a démarré un tel nombre de collections que l'on pourrait affirmer sans mauvais jeu de mots qu'il collectionne les collections. Tout y est passé, depuis les petits soldats de plomb jusqu'aux DS Citroën. Sa maison est à ce point remplie d'objets en tout genre qu'elle ressemble plus à un étal de brocanteur qu'à une villa privée.

Il y a les collections officielles, comme celle des montres ou des voitures anciennes, mais aussi des collections pathologiques. Depuis des années, Patrick est incapable de jeter le moindre morceau de papier. De peur de jeter par mégarde des papiers importants, il conserve tout ce qui transite par sa boîte aux lettres. Ses caves sont remplies de papelards inutiles ? Pas de problème, il en déplace une partie dans les pièces inoccupées de l'appartement de sa vieille mère.

Autant dire que l'épouse de Patrick, pourtant issue d'un pays réputé fort tolérant pour le laisser-aller, ne supporte plus d'habiter dans un musée et a décidé de faire le nettoyage par le vide. Mais comment procéder ? Il est dans l'incapacité de trier car tout possède pour lui une valeur sentimentale, même des publicités.

L'Avare de Molière vivait dans l'obsession de se faire spolier d'une cassette qui ne devait pas peser plus de dix kilos. C'est en dizaines de tonnes que Patrick se fait posséder par ses possessions.

Ascétisme

Patrick, l'inlassable collectionneur n'a pas toujours été l'homme attaché à ses objets. Bien au contraire ! Il a navigué dix ans dans la marine marchande.

C'est avec nostalgie qu'il évoque cette époque d'aventure et d'insouciance où il vivait de l'air du temps, changeait de continent dix fois par an, allait d'une femme à l'autre sans trop se préoccuper du lendemain.
Changeant tous les mois d'embarcation, il n'avait pour seule possession que le contenu de ces sacs de marine que l'on appelle kit bag.
Dans cette vie de contraste extrême entre un attachement matériel minimal et un attachement maximal, Patrick n'entrevoit qu'un seul point commun entre les deux époques : une montre en or reçue de son père, dont il ne s'est jamais séparé et qui, revenu vivre à terre, a servi de point de départ à sa première et plus précieuse collection : sa collection de montres.

Les deux revers de la propriété

À vivre en possession d'objets, on finit forcément par s'attacher à l'un ou l'autre. On a peine à imaginer que le marin au long cours et le collectionneur compulsif ne sont qu'une seule et même personne. Ce frappant changement d'attitude illustre cependant bien les deux stratégies face au problème de l'attachement aux choses.

• *Ne s'attacher à rien* et mener une vie de nomadisme comme l'a pratiqué Patrick dans ses dix années sur les mers permet de se tenir à l'écart de toute tentation d'accumuler quoi que ce soit puisqu'il n'y a aucune place possible pour accumuler des choses inutiles. Il y a quelque chose de grisant dans le fait de se sentir détaché de tout. Patrick était d'ailleurs assez fier de ne se sentir lié à rien, de ne posséder pour vivre que le strict minimum, prêt à lever le camp au moindre problème.

• *Ne vouloir se séparer de rien* permet de ne jamais se sentir confronté à la douleur de la séparation. En ne jetant rien, Patrick ne doit jamais se séparer de ce qui pourrait un jour lui être utile. « On ne sait jamais ! »

Bien des interprètes simplistes de philosophie orientale ont prôné le détachement sous la forme d'un abandon pur et simple de toute possession matérielle. « Ce n'est pas vous qui possédez l'argent, c'est l'argent qui vous possède », aiment-ils affirmer à qui veut les entendre. C'est bien vrai que la matière attire et qu'il est aisé de s'y laisser prendre. Cependant, ce que ces adeptes du *strip-tease* bancaire oublient de préciser, c'est qu'abandonner toute possession au profit d'un idéal de liberté ne constitue en rien un remède à l'attachement, comme l'exemple de Patrick nous le démontre.

Renoncer à posséder quoi que ce soit ne fait que mettre le problème à distance. À s'éloigner des germes infectieux, il est évident que l'on a moins de risques de tomber malade, mais est-ce à dire que l'on est vacciné pour autant ? À la moindre confrontation ultérieure, les risques de contamination n'en sont qu'aggravés.

De même que le vaccin requiert que l'agent infectieux soit inoculé dans notre organisme, il n'est possible de se guérir de ses attachements matériels qu'en présence d'un minimum de possessions pour apprendre à s'en détacher non pas physiquement mais émotionnellement. Ce travail est bien sûr beaucoup plus difficile que la rupture pure et simple avec toute propriété matérielle, mais soixante-dix années de communisme forcé n'ont pas fait des Russes des exemples de détachement par rapport au désir de posséder.

Le petit-bourgeois obsédé par son compte en banque et l'ermite parti vivre dans la nature en se dépouillant de tout ont beau être présentés comme de parfaits opposés, ces deux figures présentent une même difficulté à gérer la vie matérielle. L'un cramponné à ses possessions, l'autre à sa prétendue liberté.

La responsabilité ou les conséquences de nos actions sur notre environnement

Il y a des saisons pour tout. Le chasseur-cueilleur que nous n'avons jamais véritablement cessé d'être le sait très bien : notre environnement peut être riche en gibier, il s'agit alors d'être le plus malin et le plus rapide possible pour s'en procurer. De même, il peut arriver que les proies viennent à manquer. La logique est alors de stocker, traiter la viande pour qu'elle dure longtemps et planifier les rations distribuées. La responsabilité, ou gestion que nous avons de nos ressources, se décline en deux stratégies opposées : impulsivité et contrôle.

Contrôle

Janine est une dame d'un certain âge qui respire la respectabilité. Une mise discrète, des cheveux gris impeccables et un langage toujours châtié suffisent amplement pour nous renseigner qu'elle est issue de la bourgeoisie provinciale un peu désargentée. Il n'y a donc rien d'étonnant à ce qu'elle fréquente les associations caritatives et les groupes de prière.

Sur un plan économique, la mise à la retraite anticipée de son mari et certains revers de fortune ont rétréci le capital du couple au point qu'ils ne peuvent plus se payer beaucoup plus que le strict nécessaire pour mener une vie dans la dignité. Janine vit sa descente de milieu social comme une injustice due à la malchance et à la maladresse de son mari mais, dit-elle, elle compte sur sa foi pour lui permettre de passer outre cette épreuve.

L'aide divine tombe pour le moment un peu à court et les antidépresseurs qu'elle prend depuis deux ans ne suffisent plus à lui maintenir la tête hors de l'eau. Demander de l'aide lui coûte, tant financièrement que moralement, parce que dans ces familles-là, on s'occupe des autres mais on n'a pas le droit de tomber malade. Elle est fatiguée de compter ses sous et, vu ses difficultés financières, il y a belle lurette qu'elle ne s'est plus permis qu'une seule distraction : un verre de l'amitié avec les gens de la paroisse.

Impulsivité

Notre très mesurée Janine, avec toute la respectabilité et la sainteté qui l'auréole, cache pourtant un petit péché qui prête plus à l'étonnement qu'a la condamnation. Cela fait un an que cette femme de soixante ans au chignon bien rangé vole dans les supermarchés. Son attitude transpire tellement l'honnêteté qu'elle passe généralement les barrages de la sécurité sans encombre.

C'est pourtant pour une vulgaire affaire de pull 100 % laine qu'elle s'est fait intercepter par un vigile qui avait peine à croire que cette brave dame volait au nez et à la barbe de tout le personnel. Quand il lui a demandé le pourquoi de son acte, elle n'a pu répondre que : « Je n'en sais rien, c'était plus fort que moi ! »

Janine n'a pas menti à son interlocuteur, elle n'a aucune idée de ce qui la pousse à commettre ces actes. La seule chose qu'elle a réussi à comprendre de cette vocation cleptomane apparue sur le tard, c'est que l'accumulation de frustration à domicile la conduit immanquablement à passer à l'acte une fois un certain seuil dépassé. Ni la culpabilité, ni les prières de repentance n'y peuvent apporter une quelconque amélioration. Freud pourrait-il encore quelque chose pour elle ?

Les deux revers de la responsabilité

Les deux faces de la personnalité de Janine illustrent avec contraste les différentes manières de s'assurer qu'on ne manquera de rien dans son environnement.

• *Contrôler,* mettre ce que j'ai en sécurité, mesurer, surveiller, prévoir... sont autant de manières de s'assurer que les ressources dont je dispose seront utilisées avec la plus grande parcimonie. Janine compte ses sous, évalue et prévoit tout à l'avance pour s'assurer qu'elle ne manquera jamais de rien même à la fin du mois.

• *S'emparer,* saisir sa chance et prendre des risques constitue la stratégie inverse. Partant du principe que je n'ai rien à perdre, je vais tenter le tout pour le tout afin de transformer mon audace en gain. Quand Janine arpente les allées des grandes surfaces de l'habillement, elle est parcourue de l'ivresse du chasseur qui guette sa proie, l'approche, repère le terrain avant de la saisir au moment le plus opportun.

Les deux approches partent de visions de l'environnement exactement opposées.

• *Dans le contrôle,* je vois les ressources comme étant rares et précieuses. Il me faut donc en prendre soin le mieux possible dans la perspective d'en tirer un maximum de profit un maximum de temps. Ma vision de l'environnement est donc défensive car il s'agit surtout de conserver mes acquis.

• *Dans l'impulsivité,* je vois les ressources comme étant nombreuses et disponibles. Toute la question reste de savoir comment me les procurer le plus habilement possible. Ma vision de l'environnement est donc offensive car il s'agit de m'emparer de ce qui passe.

Qu'il s'agisse de contrôle ou d'impulsivité, ce qui va me tenailler au ventre, c'est l'angoisse de ne plus disposer de ce dont j'ai besoin pour vivre, autrement dit, la peur de manquer. Qu'il s'agisse de la peur de manquer de nourriture, d'argent ou d'amis, cette angoisse de responsabilité est la cause de toutes les pathologies liées à l'excès de contrôle ou d'impulsivité.

Rééquilibrer sa sécurité matérielle

Attitude de base : le juste respect des choses

Rien ni personne au monde ne peut vous empêcher de vous attacher aux gens et aux choses. C'est une composante inhérente de notre nature émotionnelle : celle que nous partageons avec les animaux. Tout être vivant a besoin de disposer de certaines conditions bien précises pour survivre : une température particulière, la présence de tels végétaux... Sous cet angle, l'être humain possède des moyens infiniment plus sophistiqués que les animaux pour assurer ses besoins de base (supermarchés, cliniques high-tech, systèmes de guidage par satellite...), mais la dynamique reste toujours la même : s'assurer de disposer de quoi vivre le mieux possible.

Il ne faudrait pourtant pas réduire l'être humain à ses fonctions animales. L'instinct de possession, le lien affectif aux objets (et aux conditions matérielles de sécurité : compte en banque, Sécurité sociale...) est aussi la forme la plus primitive d'un lien privilégié avec le monde extérieur : l'amour.

Être attaché au matériel est le premier palier de l'apprentissage de l'amour.

Aimer, c'est surtout et essentiellement se sentir lié à... L'attachement au matériel est donc une forme d'amour qui mérite le respect au même titre que les « grands idéaux » que sont le don de soi, l'harmonie...

Apprendre un juste lien au matériel est le premier échelon pour celui qui désire apprendre ce dont il s'agit dans l'amour. Celui qui désire sauter une étape et arriver directement à l'amour relationnel ou même à l'amour universel désire une chose aussi ridicule que celui qui veut pouvoir courir un cent mètres au-dessous de la barre des dix secondes avant de savoir marcher correctement. Les enfants n'apprennent-ils pas à aimer les gens en s'entraînant avec un nounours ou une poupée ?

L'attitude de base consiste à considérer les choses matérielles avec le respect qui leur est dû. Tout cela, bien sûr, sans sombrer dans les travers qui sont les mêmes que ceux de l'amour relationnel et universel : l'amour malade.

➤ L'état des lieux

Si vous souhaitez modifier en profondeur votre attachement aux choses, la première démarche consistera à observer méticuleusement votre comportement en vous rappelant qu'il n'y a pas qu'aux choses matérielle (maison, compte en banque) qu'on puisse être attaché : notre propre corps, notre statut social, nos valeurs… sont aussi des ancrages sur lesquels nos liens peuvent se tisser.

Voir fiche thérapeutique 1 « L'état des lieux », page 187.

➤ Le miroir relationnel

Bien souvent, le meilleur révélateur de ce qui se passe en nous, ce sont les émotions que suscite en nous le comportement d'autrui. Le miroir relationnel est donc une thechnique complémentaire pour affiner son état des lieux.

Voir fiche thérapeutique 2 « Le miroir relationnel », page 190.

➤ Faire tourner la roue

Voir fiche thérapeutique 3 « Faire tourner la roue », page 192.

La roue de la sécurité

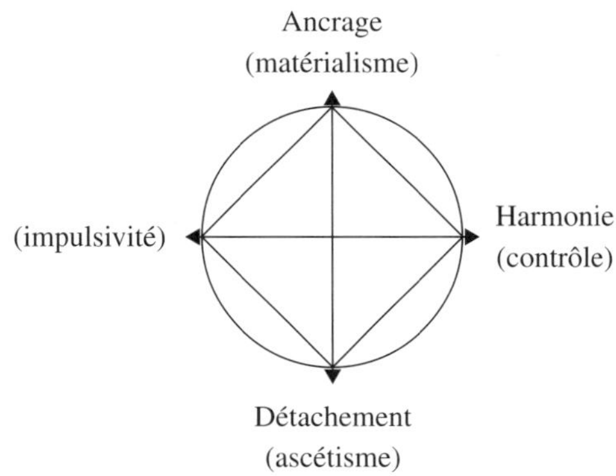

➤ Matérialisme : s'enraciner dans la matière

La peur que notre environnement ne nous fournisse pas en ce dont nous avons besoin repose sur un principe tellement évident que bien peu semblent le remettre en question : nous sommes dépendants de notre environnement.

Ce présupposé implicite est le suivant :

Moi et mon environnement sommes deux choses différentes.

La réalité n'est pourtant pas si simple. Prenez votre corps, par exemple. Tous les ingrédients qui le composent proviennent de la nourriture que vous avez assimilée. Cette nourriture a d'abord été à l'extérieur de vous. Vos gènes, les petits plans en ADN qui ont servi à vous fabriquer vous viennent de vos parents, qui les ont reçus des leurs… Il est possible de remonter jusqu'aux premiers êtres vivants. La langue dans laquelle vous vous exprimez et vous pensez a aussi une histoire très ancienne, mais vous n'avez pas inventé les concepts qui vous passent par la tête. Vus sous un certain angle, nous sommes les purs produits de notre environnement (physique, social, culturel, mental...). Prétendre cela est incomplet car nous sommes nous-mêmes une partie de notre environnement. Sans entrer dans un grand débat écologique, se sentir appartenir à la nature procure un sentiment de sécurité bien plus profond qu'aucun compte en banque ne sera jamais capable de nous donner : celui de faire partie d'un tout.

Étant donné qu'il est impossible de vivre sans s'attacher un minimum aux choses, autant en prendre son parti et apprendre à s'attacher correctement. Paradoxalement, ce n'est qu'en assumant le fait d'être lié aux choses qu'il devient possible de s'en détacher, non pas physiquement, mais émotionnellement. Après tout, le lien aux objets n'est-il pas un début de lien avec le cosmos tout entier ?

LA TECHNIQUE DE L'AQUARIUM[1]

1. Asseyez-vous confortablement le dos bien droit sans pour autant être dans la rigidité. Vos deux pieds sont posés sur le sol.
2. Commencez à observer pendant deux minutes le positionnement de vos deux pieds en essayant de ressentir toutes les parties en contact avec le sol (et la semelle). Comparez l'avant et l'arrière, le pied gauche et le droit...
3. Observez comment vos fesses sont posées sur leur support et comment se répartissent les différentes masses. Une fois que vous avez un contact clair avec votre bassin, profitez-en pour corriger la position de votre colonne.
4. (10 respirations) Remontez votre attention au niveau de vos narines et commencez à ressentir ou à visualiser les transits d'air

1. Vous trouverez une version MP3 de cette visualisation sur le site : www therapie-dialectique.net.

au travers de vos narines. Visualisez que l'air est légèrement teinté de bleu et qu'il entre et sort par vos narines dans les fosses nasales ou à l'extérieur. **Remarque** : il est important de ne pas forcer votre respiration mais de la laisser aller le plus naturellement possible, même si elle est courte et superficielle.

5. (10 respirations) Parcourez la trajectoire en point d'interrogation qui va des narines jusqu'à la glotte (pomme d'Adam). Autant à l'aller (inspir) qu'au retour (expir), toujours avec de l'air bleu et une respiration plus ou moins naturelle.
6. (10 respirations) Descendez des narines au cœur et laissez le bleu s'infiltrer dans vos poumons et occuper par va-et-vient tout le volume des poumons.
7. (20 respirations) Comme si vos poumons s'étendaient à toute votre cage thoracique, laisser l'air bleu aller et venir dans vos épaules, votre nuque, votre tête, vos bras, avant-bras et mains. Tout le haut de votre corps est comme un immense poumon qui se remplit cycliquement de bleu.
8. (10 respirations) Étendez progressivement le domaine du bleu dans l'abdomen et dans les hanches.
9. (10 respirations) Étendez-le encore aux jambes, tibias et pieds.
10. (20 respirations) Prenez conscience de la totalité de votre corps comme un immense poumon qui se remplit périodiquement de bleu. L'air circule partout à l'intérieur et n'est limité que par la peau qui forme le contenant de l'air qui circule en vous. Ressentez cette barrière de la peau et tout le bleu qui circule à l'intérieur.
11. (20 respirations) Commencez à prendre conscience de l'air que vous expirez et du fait que le bleu se trouve autant en dehors que dedans. La respiration vient marquer une circulation d'air entre l'intérieur et l'extérieur mais le contenu est le même. Ressentez l'air autour de votre peau, imaginez-le en bleu, soutenant le moindre de vos mouvements et vous englobant en permanence. Ressentez l'aspect bienfaisant et protecteur de l'air à l'extérieur qui est exactement le même que celui de l'intérieur. La seule différence entre les deux est une fine couche de peau. Rien de plus.

➤ S'enraciner : se relier au tout

Vous pourriez disposer de toutes les ressources financières suffisantes pour vous entourer de tous les assureurs, médecins, avocats, psys, gardes du corps… que vous ne pourriez pas empêcher certaines catastrophes de se produire. S'il n'est jamais certain, le pire n'est jamais impossible et il est parfaitement illusoire de s'en croire totalement à l'abri.

➤ Détachement : se vacciner contre le pire

Avant de songer au détachement, il faut savoir bien s'attacher et, pour ce faire, ce n'est pas un objet particulier qu'il faut viser, mais l'entretien du cosmos : soyons ambitieux, que diable !

JOUER AVEC SES ÉMOTIONS : POUVOIR CONTEMPLER LA CATASTROPHE

Une manière plus crue et plus directe d'affronter ses angoisses consiste à pouvoir « contempler » les émotions qui surgissent en vous en évoquant mentalement des catastrophes.

1. Asseyez-vous confortablement le dos bien droit sans pour autant être dans la rigidité. Vos deux pieds sont posés sur le sol.
2. Commencez à observer pendant deux minutes le positionnement de vos deux pieds en essayant de ressentir toutes les parties en contact avec le sol (et la semelle). Comparez le côté avant du côté arrière, le pied gauche et le droit…
3. Observez comment vos fesses sont posées sur leur support et comment se répartissent les différentes masses. Une fois que vous avez un contact clair avec votre bassin, profitez-en pour corriger la position de votre colonne. Il est très important de tenir votre colonne bien droite car c'est elle qui vous donnera de la solidité pour affronter vos peurs.
4. Commencez à observer votre respiration au niveau de vos narines pour ressentir (ou imaginer) le frottement de l'air contre vos narines. Descendez progressivement au niveau de la gorge puis, vertèbre par vertèbre, allez et venez le long de votre colonne

vertébrale de plus en plus bas pour en arriver à respirer depuis les narines jusqu'au coccyx.
5. Une fois que vous disposez d'une perception de toute votre colonne vertébrale, profitez-en pour corriger votre verticalité.
6. Tout en gardant votre conscience sur votre respiration, faites ensuite venir mentalement vos peurs, vos scénarios catastrophe et attendez que votre corps réagisse aux angoisses.
7. Dès que vous observez une sensation physiologique liée à la peur, continuez à scanner toute votre colonne en y intégrant la sensation. Il est très important (quoique difficile) de ne rien faire ni pour supprimer cette sensation, ni pour essayer de ne pas y penser. La sensation est à observer telle qu'elle est avec toute l'acuité dont vous disposez pour en percevoir les moindres nuances.
8. Une fois que vous avez une perception bien claire de cette sensation, essayez de passer au travers par la respiration et de la faire fluctuer par le va-et-vient de la respiration. Chaque passage du scanner qui accompagne votre respiration doit être suivi d'une petite onde qui passe à travers la sensation. Petit à petit, votre sensation dansera au rythme de votre respiration. Vous serez alors dans l'état idéal pour qu'une éventuelle acceptation de votre émotion puisse se faire. Rappelez-vous cependant que l'acceptation ne se force pas.

➤ Impulsivité : la prise du juste risque

Les précautions pour se protéger du pire ont ceci de particulier que, passé un certain seuil, le contrôle tend paradoxalement à renforcer un sentiment généralisé d'incertitude car plus j'essaie de contrôler, plus j'imprime dans ma tête que le contrôle est indispensable à ma vie et que la perte de ce à quoi je tiens serait catastrophique.

Prenez n'importe quel objet qui a un tant soit peu de valeur pour vous (une montre, un robot de cuisine…), prenez-en soin quotidiennement pendant une vingtaine de jours et vous constaterez que vous supporterez de moins en moins qu'il s'abîme ou qu'il se perde. Prendre soin de quelque chose, c'est commencer à le rendre indispensable. Les soins excessifs cultivent donc un sentiment excessif d'indispensable et donc une peur de perdre redoublée.

Renoncer au contrôle excessif est aussi simple en théorie que cela est psychologiquement éprouvant dans la pratique : changer ses habitudes de contrôle est coûteux en temps et en ressenti d'angoisse. Ce n'est pourtant qu'en investissant ces deux facteurs qu'il devient possible de s'en libérer progressivement.

La première étape consiste à faire un bilan attentif de l'ampleur du contrôle excessif. La grande difficulté de cette tâche est que les comportements de contrôle s'installent si rapidement sous forme d'habitudes qu'il est bien difficile de se « rappeler » si telle ou telle habitude s'est installée par angoisse ou par besoin de contrôle. Un patient travail d'auto-observation aidé d'une prise de notes quotidienne dans un petit carnet vous mettra sur la piste. Une discussion avec des membres de votre entourage sur certains aspects de votre comportement peut aussi être une source féconde d'inspiration. L'angoisse se cache parfois de façon très subtile et elle peut rester silencieuse mais tout à fait active pendant une existence entière. Rappelez-vous qu'un anxieux ne souffre vraiment et ne vient consulter que lorsque ses techniques de contrôle habituelles ont échoué.

Une fois fait l'inventaire des types de situation de contrôle excessif, la seconde tâche consiste à leur attribuer une valence émotionnelle par degré d'angoisse. Les situations les moins anxiogènes figureront en tête de liste et seront suivies par celles qui sont graduellement les plus intenses. Il est important pour démarrer le travail de disposer de suffisamment de situations peu angoissantes de manière à disposer de paliers graduels pour s'exposer.

Une fois dressée la liste graduée, attaquez-vous aux premières situations en prenant bien garde de ne plus déployer aucune technique de contrôle indirect. La peur est un animal rusé qui change de déguisement aussi souvent qu'elle le peut.

➤ Contrôle : retrouver l'harmonie

Tous les phénomènes, depuis l'atome jusqu'au système solaire sont soumis à des rythmes et à des mouvements cycliques qui leur sont propres. Faites dévier une planète et c'est l'ensemble du système solaire qui bascule dans le chaos. L'être humain est également soumis à des rythmes et l'alternance sommeil/veille, travail/repos, repas/digestion est ce qui donne un rythme à la journée et structure l'existence.

Dans cette civilisation post-soixante-huitarde, tout ce qui est régulier, discipliné ou structuré est frappé de la plus grande méfiance pour ne pas dire de mépris. Se coucher n'importe quand avec n'importe qui en ayant absorbé n'importe quoi est devenu le programme rêvé du dimanche idéal. Comment s'étonner qu'une société où la nourriture est aussi abondante et s'ingurgite n'importe quand et n'importe comment ait engendré autant d'anorexiques ? Les excès appellent les excès et nous sommes actuellement dans le retour de balancier du rigorisme de l'époque victorienne.

La clé pour retrouver un rythme et une harmonie véritables dans sa vie consiste à distinguer ce qui est de l'ordre de la routine, qui se fait sans conscience et toujours de la même manière, avec ce qui est de l'ordre du rituel et se fait avec conscience et respect de l'activité du moment.

Retrouver le sens du rituel dans sa vie quotidienne est à la fois simple et très complexe. Cela peut commencer par les habitudes alimentaires. Jadis, le père de famille récitait la prière pour rappeler que c'était une chance d'avoir du pain à sa table et que la nourriture avait quelque chose de sacré. Sans adopter une vision théologique de l'existence, on peut mettre sa volonté à transformer une simple activité d'ingestion de nourriture en un moment important qui demande toute notre attention et notre respect. Pourquoi ne pas bannir la télévision et la radio des heures de repas et s'essayer à quelques minutes de silence ? La digestion n'en sera que meilleure et la sensation d'être rassasié demandera moins d'aliments.

De même, le sommeil peut être vécu comme une simple contrainte physiologique ou comme un acte que nous faisons pour remercier le corps (et l'esprit) de nous avoir soutenu toute une journée. Même si, dans les grandes villes, il semble insupportable de passer un vendredi ou un samedi soir sans se coucher vers 5 heures du matin, pourquoi ne pas offrir à votre corps un « 10 heures » du soir ? Il existe bien des grasses matinées, inaugurons les grasses soirées !

Confiance : sa place dans la relation

Le nourrisson « sait » d'une certaine manière que tout dépend de sa mère et il va très tôt développer des stratégies pour s'assurer activement un lien solide avec celle qui s'occupe de lui. L'adulte, même s'il s'autonomise beaucoup, reste cependant en bonne santé physique ou mentale s'il est privé de la présence de ses proches. Nous sommes donc tous, enfant ou adulte, désespérément liés les uns aux autres. La relation est une ressource et l'affection est l'économie qui s'installe dans la gestion de nos ressources relationnelles.

Lorsque je prends conscience que l'autre n'est pas simplement un objet dont je peux m'emparer, que l'autre est une personne, la question de la sécurité devient : « Comment vais-je m'assurer que cette relation reste disponible et satisfaisante pour moi ? »

La question de la confiance peut être posée selon deux enjeux principaux, chacun décliné en une paire d'opposés :

• *L'affection* ou le sentiment d'être affectivement lié à l'autre avec la fusion d'une part et le rejet de l'autre.

• *L'attention* ou la tendance à prendre soin des besoins l'un de l'autre avec les exigences d'un côté et l'abnégation de l'autre.

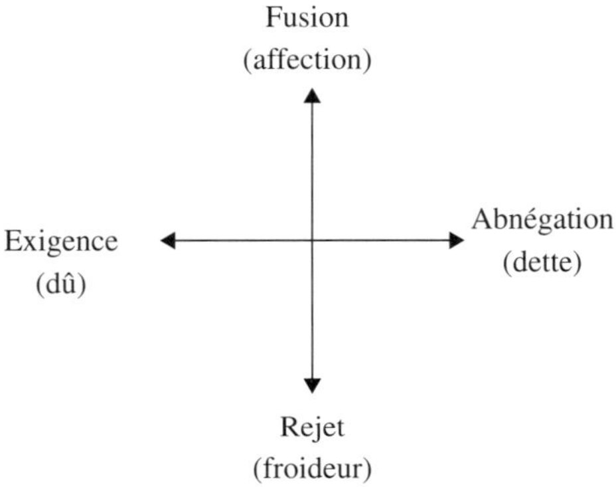

L'affection ou la conscience de l'intensité émotionnelle

Si tout le monde est capable de juger si son interlocuteur est chaleureux ou froid, il est bien difficile de définir l'affection autrement qu'en termes ésotériques de « bonnes ondes » ou de « sensation que les émotions circulent ». En effet, si les émotions étaient des fumées colorées qui émanaient de l'individu, les personnes ouvertes ou chaleureuses seraient celles qui émettraient dans l'espace une grande quantité de gaz qui s'échangeraient avec les fumerolles de leurs interlocuteurs. En échange, les personnes froides seraient encapsulées dans une petite bulle opaque et inaccessible.
Curieux aquarium que le monde relationnel dans lequel peuvent se mélanger autant de sentiments alors que ces derniers peuvent aussi être bloqués dans notre propre scaphandre.

Souvent confondue avec l'amour, l'affection est la conscience de se sentir lié émotionnellement à une personne. Une relation sera dite affectueuse quand nous aurons une conscience aiguisée de ce lien et elle sera considérée comme étant froide quand ce sentiment de lien fera défaut.

Notons que l'absence de perception du lien affectif, la froideur émotionnelle ne signifient en rien qu'il n'y a pas de lien affectif, c'est juste qu'il n'est pas perceptible.

En étudiant cette question de l'affection du point de vue des opposés, nous avons, d'une part, la fusion et, de l'autre, le rejet.

Fusion

Lili est une charmante jeune femme au visage harmonieux et à l'œil vif. Très sociable et enjouée, elle n'a pas son pareil pour se faire accepter de tous dans les groupes. À peine arrivée, elle met tout le monde à l'aise et devient très rapidement la confidente de chacun.

Si presque tous l'apprécient pour sa fraîcheur et la sincérité de l'écoute qu'elle peut offrir, bien peu se doutent du feu qui brûle en elle. Comme presque toutes les psychologues clandestines, Lili est une éponge à émotions et chaque confession vient la charger un petit peu plus. Quand tout déborde et qu'elle n'en peut plus, elle s'isole et a recours aux mutilations ou à de fortes doses d'alcool.

Sa vie relationnelle est marquée par une extrême asymétrie. Il y a d'un côté ses amis (ou prétendus tels) à qui elle offre sans compter, sans rien attendre en retour. Vu le peu d'émotions négatives qu'elle manifeste, il n'est pas étonnant que son entourage ait l'impression qu'elle va toujours bien. En réalité, Lili est déçue des relations et elle n'en attend plus grand-chose… à l'exclusion de ses parents de qui elle attend la réparation de tous les préjudices qu'elle a subis.

Décidée à progresser dans ses nombreuses difficultés, elle s'est inscrite dans une cession de groupe centrée sur la gestion des émotions et des relations. Bien qu'elle n'aime pas les exercices de méditation sur le ressenti, elle s'y applique malgré tout. Les débuts sont tranquilles mais un malaise progressif la gagne à mesure quelle prend conscience de son enveloppe corporelle. Tout d'abord diffus, le malaise se précise. C'est sa peau. Elle ne supporte pas de sentir l'existence de sa peau. Cette dernière crée comme une barrière avec le monde extérieur. Lili, qui aime les relations absolues et totales avec son entourage, est incapable de supporter que quelque chose vienne la séparer de ce qu'elle est, cette chose fût-elle son propre épiderme.

Lili est une écorchée vive, au propre comme au figuré. L'absolu est à ce prix.

Rejet

Son impeccable coupe au carré tirant vers le roux et un regard déterminé ajoutent au visage de Joséphine, « Jo », un ton dur que vient démentir un nez minuscule qui, malgré ses 25 ans, aurait pu être celui d'une petite fille.
À vrai dire, ce n'est pas vraiment à son initiative personnelle que cette chargée de projet dans une firme pharmaceutique vient consulter. C'est sa sœur qui a insisté pour qu'elle le fasse. De guerre lasse, mais avec des pieds de plomb, Jo, ou plutôt sa sœur, vient demander à un inconnu vaguement doté du titre de « psy » une solution pour soigner des TOC qui, malgré le peu de handicap effectif, la persécutent tout de même depuis plus de douze ans.
Si ce sont les TOC qui ont fait pencher la balance pour demander de l'aide, ce qui inquiète surtout sa sœur, c'est son peu de communication.
Il est vrai que Jo est plus que réservée et bien peu, en dehors de ses deux amies de toujours et de son compagnon, l'ont vue spontanée. Même sa sœur aînée, qui l'a prise sous son aile dès le départ de leur père, n'a jamais eu les honneurs de faire partie du cercle des intimes. C'est donc avec soulagement, mais aussi avec frustration, qu'elle a découvert que Jo pouvait s'ouvrir à certains de ses intimes.

Toutes les attentions à l'égard de sa cadette ne lui donnent-elles pas le droit de soulever un coin du masque de statue de marbre dont se revêt Jo ?

Les deux revers de l'affection

L'affection est un besoin humain tellement important que, si elle venait à manquer, la totalité de l'équilibre psychologique pourrait s'en trouver ébranlée, au point que l'individu serait purement et simplement anéanti. Autant dire que la peur de manquer d'affection, c'est-à-dire l'angoisse d'abandon, à laquelle on s'est habitué, est l'une des peurs relationnelles les plus puissamment ancrées. Pour ne pas se laisser laminer par cette angoisse, il existe deux manières de s'en protéger.

- *Supprimer toute distance* comme le fait Lili. Le sentiment de séparation affective est pour elle à ce point insupportable que le simple fait d'avoir une peau peut lui sembler être de trop. Ce à quoi elle aspire est une fusion complète avec l'autre, qui éliminerait du même coup le sentiment de séparation… Seulement cette fusion est impossible et l'ensemble de ses efforts ne peut aboutir qu'aux mêmes déceptions et aux mêmes ruptures sans autre forme de procès.
- *Se couper complètement de l'autre.* Par sa froideur de statue, Jo n'échange des émotions avec presque personne. Presque tout son univers relationnel est aseptisé et il lui faut des années d'observation prudente avant qu'elle ne se décide à tomber le masque. Mais gare à qui la déçoit, au moindre pas de travers l'interlocuteur se retrouve avec un avis d'expulsion définitif de sa sphère intime.

Autant Lili que Jo réagissent par un mécanisme de tout ou rien affectif. Elles ne se donnent pas du tout ou trop, mais chaque fois leur affection est vécue comme quelque chose de total. L'équilibre entre ces deux polarités sera présenté à la fin de cette section.

L'attention ou le sentiment de responsabilité dans la relation

Si tous les bébés humains naissaient muets (ce dont certains parents d'enfant en bas âge rêvent), il y a de fortes chances que l'espèce humaine aurait disparu bien avant d'avoir pollué l'ensemble de la planète. Il est souvent épuisant, voire parfois effrayant, de se voir transformé du jour au lendemain en esclave d'un petit être qui ne semble avoir d'intérêt que pour trois choses : manger, dormir et faire dans sa couche. Que les jeunes parents aux visages bleuis par les cernes du manque de sommeil se rassurent. En changeant leur nourrisson, ils ne font là que payer l'addition d'une note de frais énorme qu'ils ont eux-mêmes contractée quand ils étaient eux-mêmes des nouveau-nés. La chaîne des générations ne serait-elle pas une simple histoire de dette contractée auprès des vieux et payable auprès des jeunes ?

Les fondements de la civilisation reposant sur la possibilité de prendre soin les uns des autres, l'attention est la capacité relationnelle à s'épauler mutuellement. Cette dernière peut être vécue selon deux pôles : les exigences et l'abnégation.

Exigences

Sarah ne sait plus trop si elle est venue consulter pour son problème de boisson ou pour ses déboires sentimentaux. « Il y a bien longtemps que je ne suis plus tombée amoureuse », déclare-t-elle d'un ton neutre qui tire vers la fatigue. Le regard profond et la

vive intelligence de cette jeune femme compensent largement un excès pondéral dans sa valeur sur le « marché affectif ».
Cette femme de 30 ans, munie d'un diplôme de sociologie, a touché à tous les métiers.
Dans le domaine affectif également, elle a pas mal papillonné et elle enchaîne en rang serré des relations qui durent rarement au-delà de six mois. Ses amants ont beau déborder d'attention, la combler de cadeaux ou la transporter au septième ciel, elle adore se faire adorer mais les sentiments ne sont presque jamais réciproques. Rien ne semble vraiment pouvoir lui convenir : tel amoureux est trop intellectuel, tel autre aime trop le foot, tel autre, encore, est trop petit ou parle avec un accent belge. Il n'y a vraiment que sur le plan sexuel qu'elle trouve de l'intérêt à ses amants et cela fait d'elle une partenaire aussi exigeante que délurée. Au fil des semaines ou des mois, elle se lasse des ardeurs de ses soupirants et ne donne congé au précédent que quand un nouveau potentiel se trouve dans les parages. « J'ai passé l'âge de croire au prince charmant », soupire-t-elle résignée.

Pourtant, sous ses dehors de croqueuse de mâle, ce n'est pas la quête de plaisir qui hante les nuits de solitude. Elle est depuis des années tenue au ventre par un sentiment de vide brûlant que seule une activité sexuelle intense ou un état d'imprégnation alcoolique peut donner l'illusion de combler. Mais gare à la gueule de bois et aux lendemains qui déchantent !

Asservissement

La silhouette filiforme, le dos voûté et le regard mi-peureux, mi-suppliant donnent à Marie des airs de petite souris. Elle a 50 ans mais en fait facilement vingt de plus, des années d'anorexie ont transformé son squelette en un échafaudage qui semble en permanence sur le point de s'écrouler.

Si elle vient consulter, ce n'est vraiment pas de son plein gré, mais son médecin menace de la faire hospitaliser si elle continue à se détériorer physiquement.
Avec réticence, donc, Marie évoque le motif de sa consultation : elle s'est fait complètement envahir par ses filles. Dans leur enfance, elle faisait déjà tout pour elles mais elle nourrissait déjà le secret espoir de voir arriver leur âge adulte pour être libérée de ses charges parentales. Le malheur, c'est que, même si l'une des deux enfants a déjà passé la trentaine, elles continuent à assaillir leur mère de demandes de tout ordre. Un conseil, un petit service, une petite somme d'argent, arbitrer une dispute avec un conjoint… Pire encore, ces demandes sont susceptibles d'arriver à l'improviste, à n'importe quelle heure du jour et de la nuit. Il faut dire que Marie a bien du mal à dire non à ses deux grandes et qu'une mère, pour elle, est quelqu'un qui donne tout.
Si elle manque tant de confiance en elle pour mettre un holà à ses filles, c'est que ces dernières sont tellement capricieuses qu'elle craint de les vexer à mort en leur refusant son aide.
En élargissant un peu le questionnement, il apparaît que cette attitude ne porte pas seulement sur ses relations avec ses filles, mais bien avec n'importe quelle personne de son entourage. Elle est sollicitée de toute part et elle voit presque autant de « patients » en une semaine que le thérapeute qu'elle est venue consulter. Marie, tout comme la sainte dont elle porte le nom, est une sorte de mère universelle qui se doit de se donner à tous et sans retenue. Le résultat est qu'elle se sent comme une éponge qui absorbe les affects des autres mais qui, après coup, est incapable de se vider.

Les deux revers de l'attention

La relation, ça doit bien servir à quelque chose ! Face à la question : « Qui s'occupe de qui ? », il existe deux attitudes opposées illustrées par nos deux exemples ci-dessus.

• *L'autre est à mon service* : le parti pris de Sarah est clair. Ses amants sont à son service au même titre que l'alcool : ce sont des biens dont elle dispose pour se donner du plaisir mais surtout pour combler un immense vide existentiel qui s'est creusé dans sa poitrine au fil des années. Entièrement centrée sur elle-même ou plutôt sur le vide qu'elle ressent en elle, quoi de plus normal que de désirer se remplir ?

• *Je suis au service de l'autre* : Marie a choisi le parti inverse, celui de s'occuper des autres dans le dessein de s'oublier totalement dans son rôle de mère absolue qui rayonne de son affection, de son écoute et de ses conseils… tout ce qu'elle n'a pas reçu de ses parents à elle. Le calcul improbable de Marie est le suivant : « Plus je m'occupe des autres et moins je dois m'occuper de moi-même. »

Une relation ne peut jamais être vraiment satisfaisante pour la bonne et simple raison que si c'est la satisfaction qu'on y cherche, on risque d'être perpétuellement déçu. De même, celui qui se met en tête de combler tous les manques de la personne qu'il aime n'est pas près d'arriver à ses fins. Le manque, en tant que sensation que nos besoins ne sont pas comblés, est un tonneau sans fond. Il n'y a aucune solution à la recherche de satisfaction de soi-même et de l'autre, et les efforts les plus ardents ne suffiront jamais à combler le manque fondamental qui consume tout un chacun.

Ceux qui, comme Sarah ou Marie, croient qu'il est possible de se remplir soi-même ou remplir l'autre sont condamnés à tenter de remplir le tonneau des Danaïdes. Seuls ceux qui sont prêts à accepter le manque (le leur et celui de l'autre) ont une chance de trouver un certain équilibre qui s'approche de ce qui pourrait s'appeler « être satisfait ».

Rééquilibrer sa confiance

Attitude de base : l'acceptation de l'incomplétude

La difficulté affective incite la personne à rechercher l'absolu dans la relation :

— absolu dans ce qu'elle vous donne avec toute la frustration à laquelle cela peut mener,

— absolu du don de soi, perfection de l'harmonie à deux avec tout le déni de soi que cela demande,

— absolu de la connaissance de l'autre avec toutes les erreurs que cela comporte.

Si vous vous retrouvez dans l'une de ces définitions, vous vivrez traversé par le sentiment qu'il existe une recette à l'amour avec un grand « A » et que votre acharnement vous permettra un jour d'y parvenir.

Même si ce destin fait de vous un perpétuel Don Quichotte courant sans fin derrière une chimère, si vous abandonnez cette quête sous prétexte qu'elle est déraisonnable, vous sombrerez dans une noire dépression ou, pire, dans la médiocrité relationnelle.

Poursuivre une quête relationnelle sans devenir ni médiocre ni fou implique l'intégration d'une donnée essentielle à la relation : l'imperfection. Si vous conservez votre idéal de pureté tout en étant capable de supporter l'imperfection intrinsèque au lien qui vous unit à la personne aimée, cette relation deviendra une source de grandeur bien supérieure à tout ce que vous pouvez imaginer.

Le pire ennemi de l'amour, c'est l'idée de l'amour et toutes les attentes qui vont avec. Mettez un bémol à vos attentes et vous toucherez du doigt ce dont il est véritablement question dans l'amour.

➤ L'état des lieux

Si vous souhaitez modifier en profondeur votre attachement aux personnes, la première démarche consistera à observer méticuleusement votre comportement en vous rappelant qu'il n'y a pas qu'aux personnes aimées qu'on puisse être attaché : nos ennemis, nos rivaux… sont aussi des ancrages sur lesquels nos liens peuvent se tisser.

Voir fiche thérapetique 1 « L'état des lieux », page 187.

➤ Le miroir relationnel

Bien souvent, le meilleur révélateur de ce qui se passe en nous, ce sont les émotions que suscitent en nous le comportement d'autrui. Le miroir relationnel est donc une technique complémentaire pour affiner son état des lieux.

Voir fiche thérapeutique 2 « Le miroir relationnel », page 190.

➤ Faire tourner la roue

Voir fiche thérapeutique 3 « Faire tourner la roue », page 192.

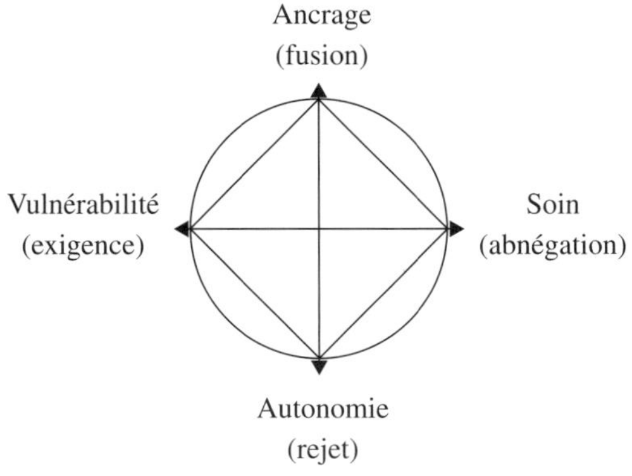

Les qualités cachées

Les quatre cas présentés plus haut pourraient laisser croire que fusion/rejet et exigence/asservissement sont des pathologies auxquelles il faut à tout prix échapper. Il n'en est rien car en réalité, chacune de ces quatre pathologies recèle une vertu cachée :

— le fusionnel dispose de la capacité à faire un avec l'autre ;

— le rejetant, celle de prendre de la distance pour se retrouver lui-même ;

— l'exigeant sait adresser à l'autre des demandes pour ses besoins ;

— celui qui est dans l'abnégation sait se donner.

Développer ces vertus, c'est non seulement se sortir de la pathologie mais c'est aussi se réconcilier avec l'existence de cette dernière. À vous de choisir celle qu'il vous convient le plus d'exploiter.

➤ Fusion : s'ouvrir à l'autre dans l'espace

La grande angoisse du fusionnel consiste à croire qu'une fois éteinte, la flamme de l'ouverture émotionnelle risque de ne jamais plus se rallumer, plongeant les deux êtres dans le froid intersidéral d'une communication dépourvue d'émotion. Oser prendre de la distance avec l'autre n'est possible que si l'on dispose des moyens de s'en rapprocher affectivement, au moment où on le souhaite.

La peur d'abandon se soigne donc d'abord en apprenant à établir, dès lors qu'on le décide, un lien affectif chaleureux avec l'autre. Ensuite, il devient possible de prendre le risque d'une certaine froideur. Une fois qu'on dispose d'un briquet, plus besoin de garder le gaz allumé en continu !

LA TECHNIQUE
« INVITER DANS SA BULLE »

Remarque : cet exercice doit être pratiqué en présence d'une personne connue ou non à laquelle vous souhaiteriez vous ouvrir. Il est préférable que l'autre ne soit pas au courant. Il est idéalement pratiqué à un moment où vous n'êtes pas trop occupé ou dérangé par un dialogue avec l'autre.

1. **Verticale :** que vous soyez assis ou debout, faites partir du cœur une verticale qui se prolonge vers le bas. Sentez qu'elle s'étend le long de votre colonne vertébrale, qu'elle rejoint votre coccyx puis descend jusque dans le sol pour vous donner le sentiment que vous poussez le sol vers le bas. Simultanément, étendez la partie supérieure de la verticale à travers vos cervicales, votre crâne et laissez-la se prolonger jusqu'au plafond en vous donnant l'impression que votre tête pousse le plafond vers le haut.
2. **Horizontale** : toujours en partant du cœur, imaginez une ligne qui se prolonge le long de vos deux épaules en passant par les clavicules et qui s'étend au-delà de votre enveloppe physique jusqu'à venir toucher les murs. Assurez-vous que vos épaules sont bien détendues et étendez-vous subjectivement jusqu'à vous sentir pousser les murs à gauche et à droite.
3. **Transversale** : encore en partant du cœur, faites partir une horizontale perpendiculaire à vos épaules et qui vient s'étendre devant vous jusqu'à toucher le mur qui se trouve devant vous. Faites sortir à l'arrière entre vos omoplates la prolongation qui s'étendra jusqu'au mur de derrière.
4. **Dimensions** : tout en maintenant la transversale, tâchez maintenant de développer les deux autres axes afin de vous déployer dans les trois dimensions. Ces trois axes définissent la portion d'espace dans laquelle vous vous êtes étendu, votre bulle.
5. **Face à l'autre** : une fois les trois axes sortis, dirigez la transversale en plein centre de la poitrine de votre interlocuteur et incluez-le dans votre espace, dans votre bulle. Attendez sans rien faire de particulier si ce n'est répondre à ses questions et observer ce qui se passe.

➤ Rejet : cultiver un jardin secret

Si la question de l'affection est au centre de votre destin, vous êtes à la recherche de quelque chose d'ultime et d'absolu dans la relation. Malheureusement, aussi sublime et passionnante qu'elle soit, cette quête d'absolu ne peut trouver satisfaction qu'à de rares moments bénis entre tous. Pour toutes les autres fois, il vous faudra apprendre à supporter que la relation ne soit pas absolue. Il y a toujours une part de l'autre qui échappe et il n'est pas non plus possible de s'offrir complètement. Que vous le vouliez ou non, chacun possède son jardin secret. Aussi frustrant que puisse être ce constat, c'est pourtant la seule manière de ne pas vivre dans un perpétuel sentiment d'insatisfaction relationnelle.

Voici une méthode pour faciliter cette prise de conscience. Cette méthode est à pratiquer tout seul, au calme, quotidiennement et pendant au moins deux semaines. Ensuite, tout en conservant la pratique seul et au calme, vous pouvez commencer par l'utiliser dans la relation.

➤ Rejet : créer une distance

LA TECHNIQUE DU JARDIN SECRET

1. **Asseyez-vous** confortablement le dos bien droit et les deux pieds bien posés sur le sol.
2. **Prenez conscience** de l'assise de vos pieds sur le sol, comparez la gauche et la droite, l'avant et l'arrière, essayez de ressentir toutes les zones en contact avec le sol.
3. **Prenez conscience** de l'assise de vos fesses et de la manière dont votre fondement est en contact avec la chaise. Observez les répartitions de poids et les différences entre la gauche et la droite. Cette assise correspond au plan horizontal.
4. **Prenez conscience** du contact de la pointe du coccyx avec le sol et tracez une verticale qui monte jusque bien au-delà de votre crâne et par laquelle vous alignerez votre colonne vertébrale.

5. **Une fois bien ancré** dans votre posture, commencez à imaginer la personne qui vous pose des difficultés assise à deux mètres de vous dans une position similaire à la vôtre.
6. **Imaginez** non seulement sa posture mais aussi ses mimiques habituelles, son regard, ses pensées. Prolongez la visualisation jusqu'à ce que l'image soit suffisamment intense pour qu'elle vous fasse quelque chose au niveau de vos sensations à vous.
7. **Visualisez** le canal de communication qu'il y a entre vous et cette personne comme un grand réseau de fils qui vous lie à elle au point que tout votre être soit en contact avec tout son être comme si vos deux corps n'étaient que le miroir l'un de l'autre et qu'ils ne formaient qu'une seule unité.
8. **Dans cette belle harmonie** entre vous deux, vous allez maintenant installer chez l'autre un compartiment, une partie de son corps qui soit séparée du reste par une cloison, comme si c'était une petite armoire fermée à l'intérieur de lui-même. Visualisez les parois de ce compartiment comme étant étanches et opaques. Vous n'avez pas accès à ce qui se passe à l'intérieur. Cette zone ne concerne que l'autre et ne fait pas partie de ce qui vous est accessible dans la relation. C'est une zone privée.
9. **Imaginez-vous** dans votre propre corps une zone semblable absolument étanche à l'autre et qui ne regarde que vous.
10. **Visualisez** maintenant les deux corps en profonde interaction réciproque en tout point sauf dans les deux zones privées qui restent opaques et inaccessibles à l'autre.
11. **Observez** quelles émotions suscite en vous le fait de ne pas pouvoir être complètement ouvert à l'autre.

➤ Exigence : apprendre à formuler une demande claire

Si vous avez cette tendance à nourrir à l'égard de votre entourage des demandes excessives, vous vous êtes déjà sûrement torturé les méninges pour savoir quelle est la meilleure manière d'obtenir ce que vous souhaitez. Manière douce, humour, suggestion détournée, donnant-donnant, menaces, chantages…

La grande source de problème concernant la demande est la croyance : « S'il/elle m'aime vraiment, il/elle devrait savoir ce dont j'ai besoin. » Il est vrai qu'avoir quelqu'un qui, telle une maman, satisfait nos besoins avant d'avoir dû les exprimer est une sensation très agréable qui crée un profond sentiment de confiance envers l'autre.

S'il est vrai qu'aimer l'autre, c'est aussi vouloir la satisfaction de ses besoins, encore faut-il savoir quels sont ses besoins et de quelle manière il souhaite les voir satisfaits. Lorsque son bébé se met à pleurer, même une mère expérimentée et aimante n'est pas toujours capable de savoir s'il a faim, froid, s'il a fait pipi ou s'il a simplement besoin de se défouler en pleurant.

Deviner les besoins d'autrui est probablement une preuve d'amour, soit. Mais personne n'est parfait et la télépathie, même dans les plus belles relations, ne fonctionne pas en permanence. Il est donc indispensable de pouvoir aussi demander explicitement ce que l'on attend de l'autre. Bien sûr, ça écorne un tant soit peu les doux rêves de fusion totale. Mais oser demander, n'est-ce pas aussi une preuve de confiance et d'amour ?

Il n'y a pas de formules magiques pour faire des demandes, mais certaines règles méritent d'être suivies pour optimiser ses chances.

• *Prenez position* : rappelez-vous que la communication est avant tout une affaire non verbale et qu'une demande parfaitement formulée au niveau du texte n'aura aucun impact si elle est prononcée avec un regard fuyant et une voix fluette. Lorsque vous faites votre demande, tenez votre dos droit, regardez votre interlocuteur et tournez tête et épaules exactement en face de lui. En faisant face à votre interlocuteur, la chance que passe le message sera nettement supérieure.

• *Travaillez le texte* : plus une demande est claire et explicite, plus elle a de chances d'être comprise. Il est important aussi de la formuler à la première personne sous forme de « Je souhaiterais... » plutôt qu'une formulation vague du type : « Tiens, tu ne ferais pas... ».

• *Expliquez-vous sans trop vous justifier* : se justifier consiste à se trouver une foule de raisons « objectives » pour faire cette demande. S'il est important de faire comprendre à l'autre les aspects rationnels de votre demande (se justifier), il est tout aussi important d'en dévoiler les aspects subjectifs : « Ça me ferait plaisir si… Ça me tranquilliserait si… Ça me ferait de la peine si tu… » La ligne de démarcation avec la culpabilisation n'étant pas toujours bien nette, évitez d'injecter des menaces ou du chantage dans vos demandes du style : « Si tu oubliais, ça pourrait aller mal pour toi… »

➤ Asservissement : apprendre le juste service

Bien des difficultés liées à l'acte de s'occuper d'autrui résident dans le fait qu'on ne sait jamais si on en fait trop ou pas assez. Les demandes de l'autre ne sont pas toujours fiables car les êtres exigeants, par définition, ont l'impression de n'en recevoir jamais assez alors que les gens serviables (les asservis), eux, ne demandent jamais rien et se sentent gênés au moindre coup de main reçu.

Un proverbe sur la question est très éclairant : « N'écoute pas ce que les gens disent, écoute ce dont ils ont besoin. Écoute le cœur, pas la bouche. La bouche te rend confus. Le cœur te montre le chemin et claironne la vérité. »

La question n'est donc pas : « Qu'est-ce que les gens veulent que je fasse ? », mais bien : « De quoi ont-ils besoin ? » Trouver le juste service commence par la détection des besoins de l'autre. Dans ce dessein, le silence et l'observation sont aussi importants que l'art de mener une vraie discussion avec l'autre.

➤ Trouver son maître

Si l'un des quatre pôles de la confiance vous frappe de dégoût ou d'incompréhension, il est possible d'utiliser cette aversion comme moteur thérapeutique.

Voir fiche thérapeutique 4, page 196.

Intégration : la place dans le groupe

Maternelle y compris, j'ai coûté à l'État belge vingt-quatre années de formation, cinq mois de chômage et neuf semaines d'arrêt maladie. À cette note, on peut ajouter les frais médicaux occasionnés par cinq opérations chirurgicales dont je n'ai payé que des cacahuètes. Le jour où je déprimerai, je pourrai toujours me dire que je suis forcément quelqu'un de bien vu la quantité d'argent que la société a déjà investie en ma personne.

Qu'on le veuille ou non, nous sommes tous pris dans les mailles de la société. Pourtant, des années durant, cette dette contractée envers la collectivité passe inaperçue. Au mieux, elle est vécue comme une évidence à laquelle nous avons droit par le simple fait d'y être né.

Une véritable conscience de groupe, c'est-à-dire la capacité d'exister en tant qu'individu autonome en interaction avec un groupe, nécessite un raffinement de sa perception mentale au point de discerner la « personnalité » du groupe comme un tout avec ses défauts et ses qualités, ses carences et ses opportunités. L'apparition de cette forme de conscience ne se fait pas sans mal puisque le groupe entier devient un interlocuteur avec lequel l'individu devra composer, se positionner. Savoir s'il va y trouver sa place et comment il va y parvenir devient dès lors la question n° 1.

Quand la conscience de l'environnement s'affine au point que l'individu commence à se rendre compte de la dette qu'il a contractée auprès de la collectivité, de nouvelles perspectives s'ouvrent parallèlement à de nouvelles sources de préoccupations. Nous en distinguerons deux types :

- *Appartenance* : les problèmes liés au sentiment de faire partie du groupe.
- *Civisme* : les problèmes liés à la participation à la bonne marche de la collectivité.

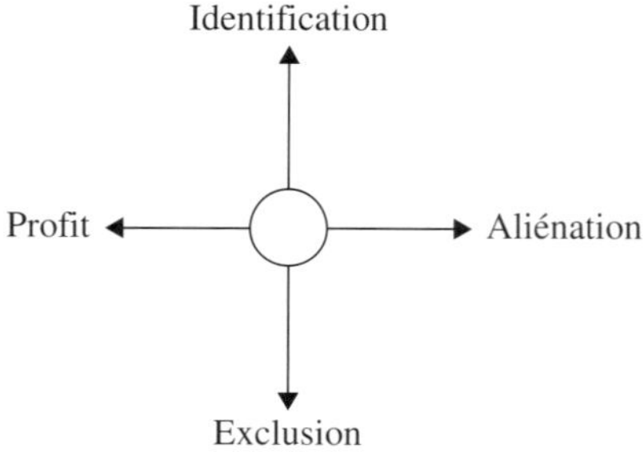

L'appartenance ou le sentiment d'être inclus dans son groupe

Un proverbe argentin dit : « Tu peux changer de femme, de parti politique, tu peux même changer d'orientation sexuelle ou perdre la foi, mais il y a une chose que tu n'as pas le droit de modifier : l'affection due à ton club de foot favori. »

Il ne suffit pas d'être né quelque part pour se sentir faire partie d'un groupe. Jadis, les choses étaient assez statiques puisque le fils du meunier savait dès l'enfance qu'il allait devenir meunier. De nos jours, il est possible de modifier toutes ses appartenances au point que le changement de sexe soit devenu une réalité tant médicale que juridique.

Comment dès lors se sentir encore véritablement membre d'un groupe sans passer pour un ringard ? Le sujet est pourtant crucial. Voici deux formes extrêmes auxquelles ce type de questionnement peut mener.

➤ Dissolution

Tout semble difficile dans l'existence de Patrice. Son travail, ses relations, ses hobbies, même parler semble être un effort qui lui demande une concentration énorme. Cet ingénieur en biotechnologie de 30 ans au visage tout rond et aux grands yeux bleus a quelque chose dans son attitude qui donne à toute discussion avec lui un parfum de surréalisme.

Quand il fait le bilan de sa vie, il n'a vraiment pas à se plaindre : un boulot de chercheur passionnant, des collègues qui l'apprécient, une épouse qu'il adore, une belle maison… même en fouillant dans son passé, on ne retrouve rien qui puisse expliquer ce malaise qui le saisit depuis le début de l'adolescence.

Ce spécialiste de biotechnologie payé pour tout savoir des dernières avancées de l'agronomie est perpétuellement assailli de doutes. Pas de banales inquiétudes concernant des factures à payer ou concernant la fidélité de son épouse : des doutes relatifs au cosmos lui-même.

Quel que soit le lieu de son activité, une grande question existentielle brûlante du type : « Est-ce que la courbure de l'espace est voulue par Dieu ? » l'étreint. Quand débarque la question, toute autre activité intellectuelle doit être impérativement abandonnée pour répondre à cette question cruciale. Quand on l'interroge sur le pourquoi de cet impératif, il est, malgré son puissant bon sens, contraint d'avouer : « C'est comme s'il était impératif que je réponde à ces questions-là ! »

Quand démarre son questionnement métaphysique, l'esprit de Patrice devient le terrain d'une terrible bataille entre son côté

scientifique qui veut tout expliquer par les mathématiques et son côté mystique qui lui laisse sous-entendre que des puissances immenses et indicibles lui tomberont dessus dès qu'il s'aventurera hors des sentiers bien balisés de la connaissance scientifique. Après de très longues minutes ou heures passées à concilier les deux, Patrice a droit à un petit répit quand il produit une solution satisfaisante… jusqu'à la prochaine interrogation.
S'il se sent vraiment à sa place dans son emploi et dans son couple, Patrice se demande perpétuellement quelle est sa place dans le cosmos lui-même.

➤ Marginalité

Derrière une bouille d'ours en peluche à peine chiffonnée, Sergio possède un caractère bien trempé. Trop trempé, dirait-il, car ce dernier lui a donné pas mal de fil à retordre dans l'existence. Assistant social de formation, cet homme qui avait tout donné pour son travail a été forcé de se mettre en congé maladie suite à une action syndicale qui a mal tourné. Il y a maintenant plus d'une année qu'il est dans un statut transitoire où aucune perspective d'avenir ne peut être envisagée sans qu'il trouve une solution décente pour quitter son travail.
Des démarches avortées, Sergio connaît bien la chanson car il en a totalisé des dizaines dans sa vie. Trois formations abandonnées dans les premières années, des thérapies qu'il interrompt cycliquement, des relations amoureuses qui ne mènent à rien… Sergio est le pro des démarrages qui flanchent et, mis à part sa dernière expérience professionnelle, le reste de sa vie a été marqué du sceau du transitoire et des demi-mesures.
Dès qu'il entre dans un nouveau groupe (démarche, formation, thérapie), il démarre l'activité avec beaucoup de scepticisme, se tâte, critique, râle, se remet en question et abandonne. À chaque nouvelle tentative, il est hanté par son éternelle chansonnette : « Je n'ai pas ma place ici. »

Les deux faces du sentiment d'appartenance

Trouver sa place dans le groupe est loin d'être évident pour tout le monde et les exemples de Patrice et Sergio illustrent bien les deux faces de ce sentiment.

• *La dissolution* : Patrice lutte bec et ongles contre une tendance à jouer son messie. Bien qu'il soit tout à fait conscient de l'irrationalité de sa pulsion, il se sent porteur d'un message d'importance capitale qui le met en position d'intermédiaire universel entre Dieu et les hommes : devenir un prophète. Effrayé par les perspectives d'une divinité trop grande et trop puissante, il s'échine à mettre de l'ordre mentalement dans ses questionnements, mais ces derniers n'ont rien de scientifique, ils sont purement spirituels. Le mystique, c'est celui qui ne fait plus qu'un avec le monde, celui qui a dissous toutes les frontières entre lui et le cosmos. Lui seul est capable de discerner les messages divins et sa mission sacrée consiste à sauver l'humanité en communiquant sa vision. Trop bien intégré dans le monde, il hérite de la dure mission de faire ouvrir les yeux à ses contemporains pour qu'eux aussi dissolvent les frontières qui les éloignent du grand tout. C'est ce destin que Patrice repousse avec terreur.

• *L'insolubilité* : ce qui tourmente Sergio, c'est le sentiment que, quoi qu'il fasse, où qu'il aille, il ne trouvera jamais sa place nulle part. Au contraire du mystique dont la mission consiste à faire le lien entre tous les êtres, terrestres et divins, l'éternel grumeau (celui qui ne se mélange jamais à la pâte à crêpe) est tellement séparé de son entourage et du grand tout qu'il se sent plongé dans une solitude insupportable. C'est contre ce destin que Sergio a tant de mal à lutter.

Médiateur universel ou éternel *outsider*, ni Patrice ni Sergio ne pourront se sentir bien en groupe : leur place est trop douloureuse à tenir.

Le civisme ou le sentiment de responsabilité face au groupe

Grand classique des discussions de comptoir, le « Et avec tout ce qu'on paie ! » est un jeu qui consiste à deviner comment nos chefs d'État font pour détourner l'argent durement gagné par les braves citoyens au profit de personnes dont la moralité est plus que suspecte. À mesure que se prolonge la discussion, l'ampleur du mal est telle que l'on est forcé de déboucher sur un autre grand classique des conversations de bistrot : « Ne faudrait-il pas une bonne guerre pour remettre de l'ordre dans tout ça ? »

Ensemble, nous pouvons beaucoup, plus que tout seuls. Qui dit « vie collective » dit démultiplication des moyens disponibles. L'usage qui sera fait de tous ces moyens est au centre de la question de la responsabilité collective que nous appelons « civisme ».

Prédation

Tony a le sourire en coin et le contact immédiatement chaleureux de ceux qui se sont éduqués eux-mêmes dans la rue. Un parcours existentiel fait de consommation de drogue, de semi-nomadisme urbain et d'un grand nombre d'exclusions a imprimé sur son visage un curieux mélange de vieil homme et de petit garçon de 4 ans.

Après une enfance plus que tragique et plus de quinze années de galère, il a réussi à se stabiliser sur un logement, à se débarrasser de la drogue et à enfin entrevoir des perspectives d'avenir. En repartant à zéro, Tony se rend compte qu'il n'a personne à ses côtés et qu'il n'a jamais réussi à construire des relations à long terme (toujours bancales) qu'avec des marginaux. Il veut apprendre à « communiquer normalement avec des gens normaux ». En un mot, il se sent être asocial et voudrait en guérir.

En session de groupe, lorsqu'il parle de son attitude relationnelle, il se trouve profondément égoïste. Il faut dire que, par le passé, il a profité de bon nombre de personnes. « Les gens ne m'intéressent pas, ils sont seulement là pour que j'en profite. » Ce mode de fonctionnement est assez typique chez un délinquant pur et dur, mais le fait de l'affirmer face à un groupe de thérapie l'est beaucoup moins. Le délinquant véritable profite mais ne s'en plaint pas après. Lorsque Tony surenchérit en affirmant : « Je n'ai rien à apporter à la société », je lui demande : « Mais qu'avez-vous reçu de la société ? » Il hésite, baisse les épaules et répond en soupirant : « Rien non plus. »

Aliénation

Le petit vélo pliable high-tech qu'il insiste pour faire entrer jusque dans le local de consultation ainsi que des vêtements de toile brute 100 % équitable suffisent à conclure que Marc est un progressiste. Pas un de ces petits bobos qui se sent ouvert culturellement parce qu'il va faire ses courses dans une coopérative bio, lui est un vrai altermondialiste.
Il travaille depuis des années dans une ONG, a déjà à son actif deux missions longues dans le tiers-monde et refuse de s'acheter une voiture dont il n'a besoin que quand il envisage des petits week-ends en amoureux.
Le malheur, et c'est pour cela qu'il vient consulter, c'est que Marc a développé depuis deux ans une telle crainte de s'éloigner de chez lui de plus de deux heures de voiture que, non seulement son couple risque de tomber à l'eau mais aussi toute possibilité d'envisager une nouvelle mission à l'étranger.

Résultat des courses : Marc est vissé à la maison mère avec toute perspective d'avancement paralysée. C'est d'autant plus fâcheux que le poste auquel il travaille entre deux missions à l'étranger ne lui convient pas du tout et qu'il s'y sent complètement dépassé. Malgré un prétendu mi-temps médical, il y travaille plus de six heures par jour et, à peine rentré de vacances, il se demande s'il arrivera à tenir le coup jusqu'aux prochaines vacances. Il ne peut pas se plaindre de harcèlement professionnel, ses collègues et ses chefs travaillent encore bien plus que lui. Quitter la maison mère ? Ce serait trahir tout ce pour quoi il s'est battu jusqu'ici et abandonner tous ses amis ! Il ne lui reste plus qu'à ronger son frein et prendre son mal en patience jusqu'à ce que disparaissent ses peurs de voyager. La seule issue décente qu'il entrevoit pour légitimer une cessation d'activité serait de se faire hospitaliser en psychiatrie. Hors de l'ONG point de salut.

Les deux revers du civisme

Le jeu de civisme ou la question : « À qui sert le groupe ? » peut être décliné en deux grands types de stratégie.

• *Le profit* : si j'estime que le groupe doit d'abord servir à mes propres intérêts, ma conduite sociale consistera à trouver le poste, la fonction qui me garantira un maximum de bénéfices personnels. Quand Tony envisage de se faire une place dans un groupe, c'est toujours avec un agenda caché. Pourtant, s'il avait pu être un petit voyou dans le seul but de profiter de la situation, sa vie sociale aurait été bien plus simple. Malheureusement pour lui, Tony est plutôt avide de « posséder » des ressources plus symboliques que matérielles : du prestige et un groupe de collègues qui lui témoignent de la reconnaissance ; choses qu'il ne s'est jamais senti posséder dans aucun groupe.

• *L'oblativité* : si j'estime que le groupe est là pour servir les besoins d'autres personnes que moi-même, l'essentiel de ma motivation consistera à apporter ma propre contribution au fonctionnement du groupe. Ce qui motive Marc dans son appartenance à l'ONG, c'est le sentiment de se sentir utile, prendre en charge des responsabilités et collaborer avec d'autres à une grande cause qui fait avancer les choses au niveau mondial. Il est prêt pour cela à tous les sacrifices, quitte à y perdre santé physique et mentale.

Que l'on soit avide d'obtenir quelque chose du groupe (Tony) ou d'y apporter un peu de soi-même (Marc), l'appartenance au groupe reste des plus douloureuses car les échanges individu/collectivité sont dans les deux cas déséquilibrés.

- Aussi séduisant qu'il puisse paraître aux yeux des « petits voyous », le sentiment d'être dans son groupe un vulgaire parasite qui profite du système est la source d'un tourment perpétuel car se développe alors le sentiment d'une dette envers le collectif qui ne cesse de s'accroître.
- Aussi admirable qu'elle puisse paraître aux yeux des « gens bien », l'attitude de don total de soi n'en est pas moins pathologique car s'occuper de tous, c'est aussi s'occuper de soi-même. Charité bien ordonnée ne commence-t-elle pas par sa propre maison ?

Une bonne gestion de son civisme consiste à équilibrer ses tendances à l'oblativité et à la prédation pour devenir membre du groupe à part entière ; ce qui signifie devenir quelqu'un qui donne et qui reçoit dans la mesure de ses besoins et de ses possibilités.

Rééquilibrer son intégration sociale

➤ L'état des lieux

Si vous souhaitez modifier en profondeur votre attachement au groupe, la première démarche consistera à observer méticuleusement votre comportement en vous rappelant qu'il n'y a pas qu'aux groupes évidents (famille, club de foot) qu'on puisse être attaché, certaines affiliations (une classe de primaire, un ancien boulot...) peuvent s'avérer puissamment étouffantes.

Voir fiche thérapeutique 1 « L'état des lieux », page 187.

➤ Le miroir relationnel

Bien souvent, le meilleur révélateur de ce qui se passe en nous, ce sont les émotions que suscite en nous le comportement d'autrui. Le miroir relationnel est donc une technique complémentaire pour affiner son état des lieux.

Voir fiche thérapeutique 2 « Le miroir relationnel », page 190.

➤ Faire tourner la roue

Voir fiche thérapeutique 3 « Faire tourner la roue », page 192.

La roue de l'intégration

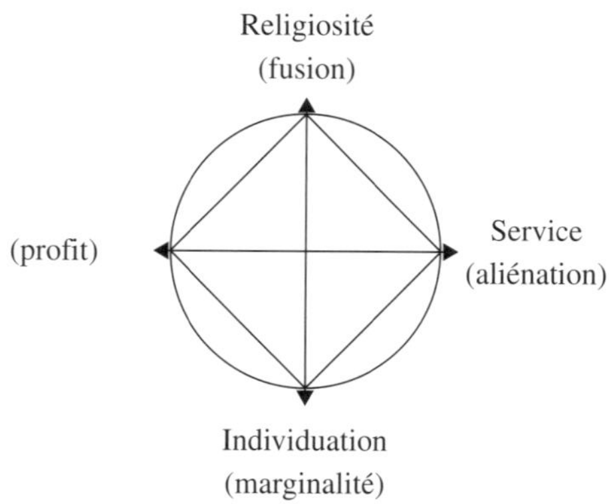

Religiosité : reprendre contact avec le « grand Tout »

La grande vogue actuelle pour la physique quantique a remis à la mode l'idée très orientale que le cosmos entier est fait d'une seule et même substance. Cela signifie que l'ongle de mon orteil, les enjoliveurs de ma Twingo ou de lointains systèmes solaires sont faits d'une même substance dont seule une illusion de séparation nous conduirait à croire qu'il s'agit de choses véritablement séparées.

D'ici que nous soyons capables d'étendre notre conscience aux influences venues d'au-delà de la galaxie, nous en sommes réduits à nous demander si cela vaut la peine de rester cinq minutes à bavarder avec des collègues devant la machine à café. Notre environnement social n'est-il pas un minicosmos dans lequel nous nous retrouvons plongés ? Replacer nos problèmes de groupe dans une dimension plus cosmique peut parfois être une manière de se donner un peu plus d'aise au sein de la collectivité.

L'exercice est à pratiquer en situation de groupe où vous n'avez pas grand-chose d'autre à faire que laisser aller votre imagination, idéalement en salle de réunion. Il se pratique les yeux ouverts.

LA TECHNIQUE DE LA FORÊT DE COLONNES VERTÉBRALES[1]

1. Asseyez-vous sur votre chaise en gardant le dos bien droit et, si votre dos vous le permet, à une dizaine de centimètres du dossier. Sinon, asseyez-vous bien au fond de la chaise de manière que votre dos reste bien droit.
2. Posez votre attention sur votre respiration et commencez à observer les mouvements de l'air au niveau de vos narines. Sentez les allées et venues de l'air dans vos narines et suivez-en les mouvements jusqu'à votre gorge.

---

1. Vous trouverez une version MP3 de cette visualisation sur le site : www.therapie-dialectique.net.

3. Progressivement, descendez à chaque inspiration un petit peu plus loin en imaginant que l'air s'engouffre dans votre colonne vertébrale. Descendez graduellement, vertèbre par vertèbre, jusqu'à atteindre ses dernières petites ramifications dans le coccyx.
4. Maintenez la conscience sur la verticale de votre colonne vertébrale et sentez le flux et le reflux de la respiration faire tanguer légèrement cette verticale.
5. Visualisez la verticale des autres personnes présentes dans la pièce ainsi que celle de nombreuses autres personnes présentes en dehors.
6. Contemplez cet ensemble de verticales, dont la vôtre, qui tangue légèrement et collectivement comme des brins d'herbe animés par des bourrasques de vent.
7. Laissez-vous tanguer au gré des courants en visualisant toutes les autres verticales tanguer avec la vôtre.

Profit : le bon usage de l'égoïsme

Sur le plan du service et de la générosité, on pourrait diviser l'humanité en trois catégories :

• *L'égoïste standard* (assez fréquent) est celui qui ne pense qu'à lui sans se poser plus de question.

• *L'égoïste altruiste* (très fréquent) est celui qui se fait du bien à lui-même en s'occupant des autres. Tout en cultivant son propre sentiment d'être quelqu'un de bien, l'égoïste altruiste en profite pour mépriser au passage l'égoïste standard en déplorant son manque de générosité.

• *L'égoïste absolu* (très rare) est celui qui ne ressent jamais le besoin de s'occuper des autres parce qu'il se sent tellement ouvert à ce que les gens ressentent qu'il ne vit pas ces gens comme des « autres » mais comme une partie de lui-même. De même, quand il rend service, ce n'est jamais qu'à lui-même, car la notion d'« autre » n'a plus aucun sens pour lui.

Si on le débarrasse de ses connotations romantiques et névrotiques, l'amour pourrait être défini comme la capacité à faire un avec autrui. Dans ce mode de fonctionnement, il n'est plus question d'altruisme ou d'égoïsme puisque les notions de moi-même et d'autrui ont tout bonnement disparu. Considérés sous cet angle, en s'occupant du sort de toute l'humanité, mère Teresa ou le dalaï-lama sont de parfaits égoïstes puisque, par leur compassion, ils se sentent faire un avec autrui. Le summum de l'égoïsme se confond donc en tout point avec celui de l'altruisme.

Aliénation : service total

Ceux qui ont déjà fait l'expérience de donner le meilleur d'eux-mêmes à une grande cause ou à une collectivité se rendent compte rapidement que les besoins auxquels il faut répondre sont illimités. Plus on en donne, plus on nous en demande et celui qui veut servir (sa famille, son quartier, la planète, le pays…) se retrouve à devoir vider un océan équipé d'une cuillère à café. Même animé des sentiments les plus purs, celui qui n'est pas capable de mettre un bémol à son besoin de servir risque à moyen terme l'épuisement physique et moral.

Pour ne pas être victime d'un *burn-out*, il convient d'abord de limiter ses ambitions. Tout le monde ne s'appelle pas Jésus-Christ et tout le monde n'a pas envie de terminer sur une croix pour sauver l'humanité. Avant de viser l'abnégation totale, il convient de s'assurer que nos petites responsabilités quotidiennes — son chat, ses plantes, son conjoint, sa famille, ses amis, sa propre tenue vestimentaire — ne sont pas négligées. Cultiver un esprit de service, c'est être capable de consacrer son attention tant à de grandes causes humanitaires qu'à s'occuper de maintenir ses propres chaussures bien cirées.

Négliger un seul aspect de sa vie quotidienne est autant un manque de service qu'une négligence de sa « grande mission ». Charité bien ordonnée ne passe-t-elle pas par son propre foyer (et donc aussi par soi-même) ?

Exclusion : rester un individu

L'individu est soluble dans le groupe. À trop prendre de place dans la collectivité, on finit par se perdre comme individu et ne plus savoir ni qui l'on est ni ce qu'on désire. Pour une vie collective qui ne soit ni un aveuglement commun ni un sacrifice névrotique de sa personne, il est fondamental de pouvoir conserver son caractère d'individu.

Si j'ai la sensation d'être un peu trop soluble dans la collectivité, je vais me mettre à rêver d'isolement et de solitude pour me retrouver moi-même. L'idée ne serait pas mauvaise si une bonne partie de ce que je nomme « moi-même » n'était pas uniquement actualisée quand je suis en société. Au même titre qu'il est impossible de savoir si on est allergique au lait dans un pays où le lait est introuvable, il n'y a que dans les relations que je deviens capable de me rendre compte des différentes facettes de moi-même. Si je me retrouve seul, je n'aurai donc accès qu'à une partie infime de ce « moi-même » que j'essaie de retrouver.

Pour me retrouver, j'ai donc besoin des autres. M'observer en collectivité, découvrir mes affinités et mes répulsions face aux différents individus et aux différents phénomènes collectifs est la seule solution pour ne pas me perdre moi.

Concrètement, si, quand je suis en collectivité, je garde en permanence un œil sur mes différentes fluctuations émotionnelles, je vais non seulement découvrir de nombreuses choses surprenantes sur mon fonctionnement de personnalité, mais de plus, le simple fait de me concentrer sur mon vécu subjectif m'empêchera de me dissoudre dans le collectif puisque je reste centré sur moi.

➤ Trouver son maître

Si l'un des quatre pôles de la confiance vous frappe tout particulièrement d'incompréhension ou de dégoût, il est possible d'utiliser cette aversion comme moteur thérapeutique.

Voir fiche thérapeutique 4, page 196.

TROISIÈME PARTIE

Entreprendre

À 6 ans, attendre trois jours avant son anniversaire semble être une éternité. À 30, on s'engage sans broncher dans un crédit logement portant sur vingt-cinq années. Curieuse ironie : le temps semble passer de plus en plus vite à mesure qu'on en dispose de moins en moins.

Plus on y pense, plus le temps nous file entre les doigts. Obsédés que nous sommes par l'idée que tout pourrait s'arrêter d'un moment à l'autre, il nous faut à tout prix le remplir de projets, de plaisir, de connaissances ou d'oubli pur et simple.

S'il soulage parfois bien des peines, le vécu du temps peut devenir un maître tyrannique exigeant de ses esclaves toujours plus d'énergie.

Quand la question du temps qui s'écoule devient centrale dans le destin de l'individu, le fait que tout change en permanence devient une évidence indiscutable. Ce qui commence à compter est la question suivante : « Que vais-je faire de mon temps et de mon énergie ? »

Cette question sera étudiée selon trois niveaux d'existence :
— *l'ambition,* ou les projets dans la vie personnelle ;
— *la complicité,* ou les projets dans la relation ;
— *l'idéal,* ou la gestion du projet comme objet mental communicable à une collectivité.

Ambition : entreprendre pour soi-même

Notre lointain ancêtre qui s'est dit qu'il verrait mieux au loin s'il se tenait debout en permanence s'est retrouvé avec deux mains qui ne lui servaient plus à se déplacer. La nature n'aimant pas ce qui ne sert à rien, il a dû se sentir obligé de faire quelque chose de ses bras et est parti à la recherche de ce qu'il pouvait attraper. Quand ses descendants ont inventé l'outil, ils découvrirent qu'ils ne dépendaient pas entièrement de ce que leur apportait leur environnement mais qu'ils pouvaient aussi le modifier, le planifier. Avec l'agriculture et l'élevage l'homme a inventé le travail perpétuel. Ensuite, il inventa le meurtre pour contraindre ses congénères à travailler pour lui sous la menace.

C'est bien pratique, ces mains ! Même si elles n'ont rien d'impressionnant comparées aux crocs du tigre à dents de sabre, elles nous ont tout de même permis de détruire une bonne partie de notre environnement. Le lion, aussi puissant soit-il avec ses crocs et ses griffes, s'arrête de chasser quand son estomac est plein. L'être humain, pourtant muni de petites mains ridicules, ne s'arrête jamais et n'en a jamais assez.

La mort étant la réalité finale qui nous attend tous, la vie est une course contre la montre perdue d'avance. Le constat serait dramatique s'il n'existait pas la possibilité d'utiliser ce temps limité de façon optimale. L'ambition correspond à l'aspiration que notre temps ne soit pas gaspillé. Si cela s'avérait être le cas, l'ambitieux serait confronté à une réalité bien plus abominable que la mort : l'échec et l'ennui.

Pour étudier comment l'ambition vient mettre notre existence sous tension, nous allons la diviser en deux secteurs différents qui seront, chacun, présentés sous la forme d'une paire d'opposés.

L'enthousiasme, ou le degré d'implication personnelle dans le projet, se mesure en :

• *Acharnement* : consacrer tout le temps disponible pour que ça marche.

• *Procrastination* : repousser à un autre moment le travail à effectuer, en m'occupant différemment.

Le bénéfice, ou ce qui va motiver mon action, se décline en :

• *Épicurisme* : la récompense, c'est maintenant ou jamais.

• *Stakhanovisme* : la récompense, c'est toujours pour plus tard.

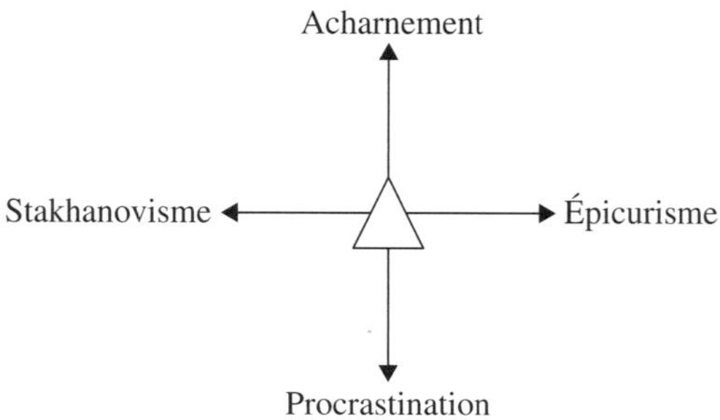

L'enthousiasme ou être convaincu de ses possibilités de réussir

On ne prête qu'aux riches ! En matière de motivation, il n'est possible de nous mettre en action que si nous nous accordons suffisamment de chances de succès. L'enthousiasme, ou la capacité à se faire crédit d'une réussite que nous n'avons pas encore, peut générer deux stratégies complémentaires : l'acharnement ou la procrastination.

➤ Acharnement

Grand, beau, sportif, cultivé, diplômé et polyglotte… la liste des qualités de Joe est à ce point exhaustive que l'on a l'impression de décrire une caricature de Monsieur Parfait. Il n'a pas fallu à ce jeune cadre américain plus de deux ans pour maîtriser les subtilités du français. Quoique sonnant étrangement avec un accent américain, son usage de l'argot est parfait, tout comme sa tenue soigneusement décontractée.

S'il consulte, c'est que, dans la très grosse boîte internationale où il travaille, tout le monde est heureux de ses services, sauf lui. Il faut ainsi préciser qu'à son niveau, les cadres travaillent plus de douze heures par jour et la notion de week-end n'a qu'une valeur indicative.

Ses chefs le savent, dès qu'un travail lui est confié, il saute dans le premier avion, travaille jour et nuit et ne revient, les yeux rougis par la fatigue, qu'avec un dossier bouclé à la perfection. Autant dire que, même s'il est d'un naturel très sociable, il a bien du mal à entretenir ses amitiés : étant susceptible de partir travailler n'importe quand pour quelques jours, il ne

peut se tenir à aucun engagement privé ferme en dehors de ses périodes de vacances.
Joe a beau être aussi parfait qu'on peut l'être, il se sent frustré par son manque de temps libre, mais il sait aussi que la durée moyenne qu'un cadre de son niveau tient à un poste comme le sien n'excède que très rarement les trois années. C'est le patron lui-même qui encourage ses employés à postuler dans d'autres entreprises pour des jobs moins durs. Cette liberté, loin de le pousser à aller voir ailleurs, entretient Joe dans le sentiment que tenir le coup dans son poste est un défi en soi.

Peut-être finira-t-il un jour par acquérir cette fameuse confiance en lui qui, malgré toutes ses réussites, lui a fait si cruellement défaut.

Procrastination

Tout aussi prompt à la repartie et rigolard qu'il puisse paraître, Paulo se débat dans un indescriptible malaise depuis maintenant près d'une année.
Malgré le succès dont il jouissait dans sa profession de musicien, il a, à l'étonnement de toute la profession, laissé sa guitare au clou pour se lancer dans une activité de preneur de son. Interloqués par ce retournement, ses collègues musiciens ont des réticences à le voir passer de l'autre côté de la régie et les contrats se font attendre.
Peu disposé à attendre les bras croisés, Paulo s'est lancé dans une formation de montage sonore informatisé. Malheureusement, s'il maîtrisait à la perfection les six cordes de son instrument, les milliers de fonctions possibles des programmes de sa table de mixage lui font perdre complètement pied au point que ses cours sont devenus pour lui un calvaire.
« Comment est-il possible que je sois à ce point coincé par cette stupide machine alors que tous les autres étudiants y arri-

vent ? » La réponse à cette question n'a pas été longue à trouver : Paulo est un perfectionniste et veut que tout soit parfait dès le premier essai, alors que l'informatique demande la capacité à apprendre continuellement de ses erreurs.
Faute de pouvoir trouver sa voie dans la maîtrise des programmes informatiques, Paulo passe le temps qu'il devrait consacrer à l'étude des logiciels à se fabriquer un bureau magnifique pour poser son ordinateur, à trouver les barrettes de mémoire les moins chères de la capitale et à réinstaller continuellement les programmes de gestion graphiques de sa machine. On s'occupe comme on peut !

Prendre confiance en ses capacités est l'enjeu central du destin d'entreprendre. Si de nombreuses activités peuvent être entreprises sans y réfléchir, le fait de se lancer dans un nouveau projet professionnel n'est pas une décision à prendre à la légère. Souhaiter réussir implique automatiquement son corollaire logique, la peur de l'échec. Plus l'envie est forte, plus la crainte est élevée. Cette peur peut se manifester de deux manières opposées.

• Tout faire pour réussir. Entrer, comme Joe le fait, dans un rythme de travail acharné permet de démultiplier le temps consacré à la tâche et, par là, diminuer les risques d'échec. Si cette méthode est la meilleure solution pour produire un travail de qualité, les efforts et le temps qu'elle demande peuvent conduire le sujet à l'épuisement et l'insatisfaction.

• Ne jamais se mettre en marche. La stratégie de Paulo consiste à trouver dix mille raisons de ne pas se mettre à la tâche jusqu'à ce que l'échéance tombe et qu'il soit contraint de déclarer « trop tard ». Même si cette stratégie aboutit finalement à l'échec, elle est gagnante sur le plan de l'amour-propre, car il n'y a aucune honte à échouer sans avoir essayé. En revanche, s'acharner puis se fracasser malgré tout contre le mur de l'échec est une chose nettement plus humiliante contre laquelle la procrastination est une bonne protection.

Que l'on soit dans une dynamique d'acharnement ou de procrastination, le temps est le principal ennemi. Dans le premier cas, il n'est jamais suffisant et il s'agit de le rentabiliser à 200 %. Dans le second cas, il est toujours trop long et il s'agit de le tuer, de le laisser passer par tous les moyens possibles.

Dans les deux cas, l'acharné ou le procrastinateur vivent tous deux terrorisés par la crainte d'avoir fait des choses qui ne sont pas constructives ou agréables de leur temps : en un mot, la peur de l'échec.

Les deux vivent focalisés sur le raisonnement suivant :

Ce que je fais = ce que je suis.
Se tromper de voie = rater sa vie.

Le bénéfice ou la récompense tirée de l'action

Dans le domaine des tartines, l'humanité peut se diviser en quatre catégories. Les organisés mangent d'abord la croûte puis la mie ; les irresponsables, une fois la mie terminée, s'obligent à manger la croûte ; les psychopathes ne mangent que la mie et les névrosés ne mangent que la croûte.

Épicurisme

Georges a toujours brûlé la chandelle par les deux bouts.
D'un contact très chaleureux, il possède cette aura jupitérienne du chef d'entreprise qui ne passe pas à côté des bonnes choses de la vie.
Son niveau d'activité est aussi intense dans son métier que dans sa vie privée. Sa capacité de rattraper les erreurs commi-

ses par d'autres a valu à ce chirurgien de 40 ans une réputation qui en fait un orateur très demandé dans les congrès internationaux. On lui envoie des patients et des étudiants en formation à ne plus savoir qu'en faire et les honneurs dus au prestige ont cédé au sentiment de s'être fait rattraper par trop de responsabilités.

Aussi actif en discothèque qu'en salle d'hôpital, il est capable de mettre le feu à un café et d'inciter, par son exemple, toute l'assistance à venir danser sur les tables. Les collègues qui l'accompagnent en colloque international le savent bien et doivent se relayer pour tenir le coup à ses côtés.

C'est pourtant pour des raisons bien moins divertissantes qu'il demande de l'aide à un thérapeute. Depuis plus d'un an maintenant, il a senti s'installer en lui un malaise dont les contours se sont faits de plus en plus nets au fil des mois. Il commence à craindre les gens. D'une décontraction exemplaire dans tout ce qui est de l'ordre du superficiel, il commence à craindre les dialogues un peu plus intimes. Ces derniers mois, il a développé une sainte terreur de l'une de ses assistantes avec laquelle il a bien du mal à meubler la conversation. Il évite de plus en plus les salles du personnel et, dès que la conversation dépasse les cinq minutes, il se retire en prétextant avoir des choses urgentes à faire.

En plus de cette peur pour le moins extravagante, il se sent devenir de plus en plus amer. Ni les succès professionnels, ni l'énergie qu'il dépense en sorties ne sont capables de lui fournir le moindre contentement. Il se sent devenir triste et grincheux… un peu comme son papa.

Stakhanovisme

S'ils se ressemblent physiquement comme deux gouttes d'eau, la similitude entre Georges et son père Yves s'arrête là. Presque une caricature du médecin de province façon « avant 68 », Yves est austère et les muscles qui animent sa bouche ne semblent fonctionner que dans la fonction qui tire le sourire vers le bas. Dans tous ses gestes et dans toutes ses paroles, il est précis, lent, froid. Sa rigueur professionnelle a gagné tous les niveaux de son existence. Si, passé les 70 ans, il continue à travailler, c'est qu'il est incapable de s'imaginer faire autre chose de sa vie qu'être médecin. Pour lui, les notions de vie privée, de culture ou de loisirs ne sont que futilités et ses seules lectures n'ont jamais été que des ouvrages spécialisés. Il a bien sûr lu avec une certaine fierté les articles que publie son chirurgien de fils, mais les seules conversations qu'il a avec ce dernier gravitent autour du boulot, des projets professionnels et des appels à la prudence.

Il a fallu une attaque cérébrale pour que ce vieil indépendant qui espérait secrètement s'effondrer raide mort dans son cabinet de consultation soit contraint de prendre le premier arrêt de travail de sa vie. Pleinement lucide mais en grande difficulté dans son usage de la parole, il a pu, pour la première fois, se trouver à côté de son fils sans lui réciter la tirade du bon médecin.

Dans son dernier mois d'existence, Yves s'est aperçu qu'il était quelque chose de bien plus important qu'un médecin : un être humain.

Les deux faces du bénéfice

La plus grande part du comportement humain serait, dit-on, mue par le besoin de récompense. Encore faut-il s'entendre sur le terme de récompense. Nous pouvons distinguer deux stratégies opposées reposant sur deux modèles de récompense.

• *La récompense différée.* Stakhanoviste du stéthoscope, Yves n'est capable de discerner qu'une seule chose : la perspective de mener dignement sa carrière. Le reste, les loisirs, la détente, les amis… tout cela n'importe pas. Ainsi, il mène une vie austère et ennuyeuse au grand dam de son fils : il ne s'agit pas de se disperser dans des futilités !

• *La récompense immédiate* est la stratégie de Georges. Loin d'être fainéant, il est capable de se dépenser sans compter mais seulement pour ce qui lui plaît. De tout ce qui est pesant, il préfère se décharger sur sa femme pour pouvoir donner le meilleur de lui-même dans les domaines où il excelle. Pour lui, agir doit toujours rester un plaisir et son travail doit être accompli avec la légèreté psychologique d'un hobby.

Le temps est précieux tant pour Georges que pour Yves et il est inconcevable d'en perdre une miette. Alors que pour Georges, c'est tout ce qui est contraignant qui est vécu comme perte de temps, pour Yves, c'est tout ce qui l'éloigne de son but lointain.

Rééquilibrer son ambition

Attitude de base : agir au présent

Une personne qui consacre une large part de ses pensées à ses projets personnels est comme le petit lapin d'*Alice au pays des merveilles* : obsédé par le temps qui passe. Chacune des quatre pathologies décrites illustre un rapport particulier au temps :

• *Acharnement* : le projet est mon maître, je dois lui consacrer tout mon temps.

• *Procrastination* : le projet est une perte de temps.

• *Épicurisme* : la vie est trop courte pour ne pas jouir tout le temps.

• *Stakhanovisme* : je n'aurai droit au plaisir que dans le futur, quand j'y serai arrivé.

Chacune des quatre personnes décrites dans ces exemples est obsédée par l'idée que chaque seconde qui s'écoule est irrémédiablement perdue et que la destinée humaine se joue entre le fait de gaspiller le temps imparti ou de le rentabiliser.

Sortir de cette obsession que le temps passe et qu'il faut absolument le remplir d'activités agréables ou utiles ne peut se faire qu'en apprenant à poser son action hors du temps : ce qui signifie agir au présent.

LA TECHNIQUE
BIEN DANS SES CHAUSSURES

La technique suivante est un exercice qui peut être pratiqué chaque fois que vous vous sentez projeté mentalement dans le futur et dans la course au projet.

— **Posture** : asseyez-vous confortablement le dos bien droit, reposant de préférence sur son propre axe plutôt que étant posé contre le dossier. Laissez vos pieds posés devant vous en prenant soin de les poser sur le sol et d'éviter de les croiser.

— **Narines** : centrez-vous sur vos narines et prenez conscience des mouvements d'air chaud et froid qui transitent par vos trous de nez. Maintenez cette observation dix respirations puis observez le passage dans les fosses nasales de dix autres respirations.

— **Narine-gorge** : descendez le long du trajet de l'air au niveau de la gorge en suivant l'air qui entre dans la trajectoire en point d'interrogation qui va des narines à la glotte. À chaque « expir », suivez l'air en sens inverse pour retourner aux narines. Le reste de la respiration se fera systématiquement en remontant vers les narines.

— **Narine-colonne** : à chaque « inspir », descendez d'une vertèbre en imaginant que la colonne prolonge dans les poumons. Passez tour à tour à hauteur du cœur, du sternum, du ventre puis du coccyx.

— **Narine-jambe** : descendez ensuite au niveau d'une fesse et suivez progressivement l'air le long d'une jambe, puis du mollet, puis du pied.

— **Narine-orteils** : en partant du gros orteil, suivez le trajet de l'air depuis les narines jusqu'à l'intérieur de votre gros orteil. Prenez

le temps d'en sentir le volume et les zones de contact avec la chaussure ou le sol. Faites de même avec le petit orteil, puis les trois intermédiaires.
— **Autre jambe** : en repartant du bassin, faites de même pour l'autre jambe et ses cinq orteils.

➤ L'état des lieux

Si vous souhaitez modifier en profondeur votre ambition, la première démarche consistera à observer méticuleusement votre comportement en vous rappelant que l'ambition peut prendre des formes très discrète comme l'ambition imaginaire de la rêverie ou l'ambition par procuration des parents qui ont fait une carrière modeste mais qui attendent beaucoup de leur enfant.

Voir fiche thérapetique 1 en annexe : « L'état des lieux », page 187.

➤ Le miroir relationnel

Bien souvent, le meilleur révélateur de ce qui se passe en nous, ce sont les émotions que suscite en nous le comportement d'autrui. Le miroir relationnel est donc une technique complémentaire pour affiner son état des lieux.

Voir fiche thérapeutique 2 en annexe : « Le miroir relationnel », page 190.

➤ Faire tourner la roue

Voir fiche thérapeutique 3 en annexe : « Faire tourner la roue », page 192.

La roue de l'ambition

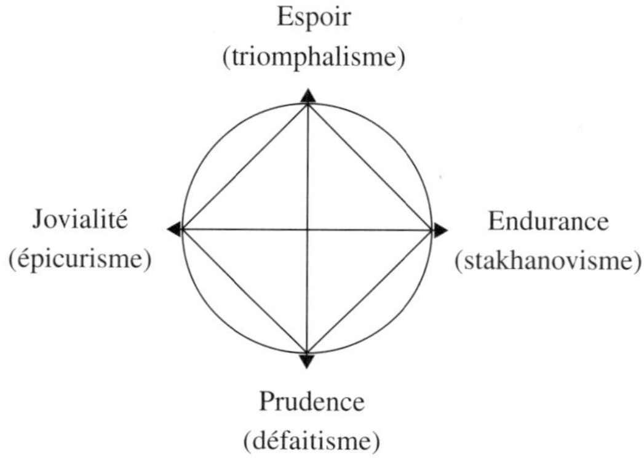

Dépasser la peur de l'échec

Si vous êtes régi par la peur de l'échec, vous avez le choix entre trois attitudes :

• soit vous vous démenez pour être sûr et certain de réussir haut la main ;

• soit vous vous inventez dix mille prétextes pour ne pas vous y mettre. Rangement de dernière minute, trouver une nouvelle chemise pour mettre vos notes… pour aboutir à un : « C'est trop tard, je n'ai aucune chance » ;

• soit encore, vous passez de la deuxième attitude à la première en vous y mettant de toutes vos forces en dernière minute et en vous disant : « J'ai fait ce que j'ai pu. »

Dans ces trois cas de figure, il y a une chose que vous évitez soigneusement : faire face à un véritable échec.

Dans le premier cas, c'est évident. Si vous êtes certain que votre travail va aboutir à la réussite et à une récompense qui en vaut la peine, vous mettrez tout en œuvre pour y arriver. La seule difficulté est que votre anxiété vous demandera deux fois plus de temps qu'à un autre pour y parvenir. Peu importe l'effort, l'essentiel est d'être certain d'y arriver.

Si vous n'êtes pas certain d'être capable de le faire, la perspective d'un échec devient bien plus problématique. Le simple fait de vous mettre au travail vous fait risquer la pire chose qui pourrait arriver : essayer de toutes vos forces et ne pas y parvenir. Il n'y a pas de honte à échouer si vous n'avez pas fait ce qu'il fallait pour y arriver. Tout au plus vous risquez de porter le titre de fainéant. Il est bien moins douloureux d'être critiqué sur son peu d'application à la tâche que de se faire traiter d'incapable.

➤ Prendre le risque d'un véritable échec

Le véritable échec n'est pas l'absence de résultat positif à ce qui est entrepris. Rater un examen, un concours, une interview quand on ne s'est pas bien préparé, c'est un peu frustrant mais cela évite l'humiliation de se faire traiter d'incapable.

Ce qu'on appelle « peur de l'échec » est mal nommé, on devrait plutôt dire dans ce cas « peur de passer pour un incapable ». Si vous désirez vaincre cette dernière crainte, ce n'est qu'en prenant des risques que vous vous libérerez progressivement.

Au lieu de commencer par les situations qui vous pétrifient de peur, réfléchissez aux secteurs de votre existence dans lesquels vous redoutez d'être pris pour un incapable et dans lesquels il est nécessaire que vous mettiez les bouchées doubles pour vous assurer la réussite.

S'entraîner ne consiste pas à renoncer à toute préparation pour laisser votre réussite dépendre du « petit bonheur la chance », mais il s'agit de vous préparer raisonnablement à l'événement en évitant tout excès.

Faites une liste graduée de toutes les situations où il pourrait être question d'échec et corrigez progressivement chaque comportement excessif ou en carence. L'apprentissage prendra certes du temps, mais c'est une bonne utilisation du temps que vous avez besoin d'apprendre.

Échouer n'est pas l'équivalent d'être soi-même un échec.

➤ Diviser pour régner : vaincre la procrastination

Remarque préliminaire : la procrastination n'est pas systématiquement reliée à une peur d'échec. Elle peut être simplement une difficulté à entreprendre des tâches rébarbatives. C'est le cas par exemple des personnes souffrant d'un état dépressif.

Pour comprendre le phénomène de procrastination, il faut se pencher sur la manière dont les gens se motivent à l'action. L'inertie à agir suit presque toujours le mode de raisonnement suivant :

J'ai comme projet de faire le ménage chez moi. L'ensemble de la tâche devrait prendre dans les trois heures, mais je me dis que ce serait plus facile si je rassemblais tous les produits d'entretien en un lieu unique afin de les avoir sous les yeux lorsque j'en cherche un en particulier. Tant qu'à faire, je pourrais tout aussi bien ranger les autres armoires. Dans le fond, quitte à les remettre en ordre, pourquoi ne pas régler une bonne fois pour toutes ces problèmes de portes qui grincent. Si je suis de toute façon obligé de démonter la porte, pourquoi ne pas lui donner un coup de peinture…

En établissant cette liste des choses « à faire », il y a une chance sur vingt pour que je me lance dans un grand nettoyage de printemps et dix-neuf pour que je reste assis découragé.

Interrogé sur son « truc » pour arriver au-dessus des mille deux cents mètres de dénivelé qu'il courait trois fois par semaine, un champion du monde de kick-boxing répondit : « C'est très simple, je ne pense jamais au sommet. Je me cantonne à penser aux dix mètres qui se trouvent devant moi. »

Se braquer sur le résultat final est souvent une manière de tuer sa motivation. Découper la tâche en petites unités réalisables en quelques heures, ou même en quinze minutes, en se laissant la possibilité de dire à la fin de chaque unité : « Ok, maintenant, je m'arrête ! »

Savoir diviser une tâche et s'interdire de penser à ce qui se passera plus loin est la meilleure manière de garder le moral face à une tâche qui semble écrasante.

Un escalier énorme n'est jamais que la somme de petites marches de vingt centimètres.

➤ Le repli stratégique

Si le stakhanoviste est si terne, c'est qu'il a, à ce point, concentré son esprit sur un objectif unique que le reste de toute sa vie affective finit par se dessécher. Rien ne s'ennuie plus rapidement qu'un encéphale humain et la tâche la plus passionnante, pratiquée à l'excès, devient répétitive, l'esprit se referme et les possibilités de créativité véritable avoisinent le zéro absolu.

Si vous souhaitez disposer d'un esprit frais, vivace et créatif, il faut lui donner en pâture un savant mélange de défis, de loisirs, de découvertes et de moments de régression à un niveau intellectuel de 3 ans. Celui qui veut toujours faire sérieux, qui veut être toujours centré sur son travail, va non seulement dessécher sa vie sociale mais aussi sa vie intellectuelle.

Il est capital de pouvoir prendre une pause, mais certaines personnes ignorent absolument de quoi le repos est constitué. La crainte la plus fréquente est celle de perdre son temps. Les stakhanovistes profitent donc de leurs prétendues pauses pour s'avancer un petit peu dans leur travail en réalisant des tâches faciles ou en continuant à phosphorer à propos de leurs problèmes de peur que leur cerveau ne soit plus capable de redémarrer en se remettant au travail après la « pause ». Les mille et un gadgets de téléphone-ordinateur-Internet portatif ne sont pas là pour arranger les choses.

Il n'y a de pause véritable que si l'esprit est capable de quitter la tâche en question pour se centrer sur une activité d'une tout autre nature, que ce soit une bande dessinée, une promenade dans les bois ou un petit exercice de gymnastique. Le contenu importe peu, du moment que la coupure est mentale.

➤ Profiter de la contrainte

Vivement les vacances ! Combien d'employés dans le monde n'ont-ils pas poussé ce même soupir ? Face à des tâches que l'on estime rébarbatives, la réponse la plus courante consiste à se projeter dans un avenir plus ou moins proche qui sera forcément plus agréable que la situation actuelle (« Vivement ce soir/ce week-end/la retraite/la mort »).

Si cette attitude de fuite mentale a pour effet à court terme de s'évader d'une situation désagréable, à moyen et à long terme, le comportement débouche sur un état de tension et d'insatisfaction perpétuel. Imaginons un employé en état « Vivement ce soir » qui regarde sa montre en se disant : « Plus que trente minutes ! » Son supérieur débarque et lui remet un pli urgent à traiter avant la fin de la journée. Il n'est pas difficile d'imaginer dans quel état notre employé se mettra à devoir prolonger son temps de travail, ne fût-ce que de quinze minutes.

Se dire « Vivement... », c'est tendre un câble vers le futur dans lequel tout obstacle à la réalisation que nous attendons est vécu comme une contrainte supplémentaire, ce qui accentue le désir de s'évader dans l'avenir.

La seule manière de rompre le cercle vicieux consiste à couper le câble et à s'avouer courageusement : « Non, pour le moment, je suis ici et j'ai le choix entre exécuter ma tâche comme un automate plaintif ou revenir dans le présent et voir ce qu'il en est. » C'est à ce moment-là que les techniques méditatives de respiration prennent tout leur sens.

LA DOUCHE FROIDE

Ancien must de la psychiatrie du XIXe siècle, la technique de la douche froide a pour but de vous aider à surmonter votre crainte de vous retrouver dans l'inconfort.

Lorsque vous vous retrouvez face à une contrainte et que l'envie de fuir physiquement ou mentalement se fait pressante, imaginez que la situation de contrainte est une planche à clous sur laquelle vous êtes posé. L'idée de base est de s'immuniser contre la peur de l'inconfort. Faute de vraie planche à clous, il existe une manière de se mettre dans une contrainte qui n'est absolument pas obligatoire : prendre une douche froide. La technique demande certes un peu de courage au début, mais vous pouvez baisser la température jour après jour. L'idée est de rompre son besoin de confort en se confrontant tous les matins au froid. Le but est de se confronter le plus possible au froid que vous pouvez supporter jusqu'à ce que l'envie de fuir vous soit passée.

Si cette technique présente certains intérêts en matière d'économie, c'est surtout en endurance et en combativité que vous gagnerez à vous y exposer quotidiennement.

Complicité : construire à deux

Si le mariage comme institution était coté en Bourse, nul doute que les investisseurs se détourneraient de ce placement à haut risque.
La relation est-elle un bon investissement ? Avant que la mort ou la mésentente ne nous séparent, qu'allons-nous faire de notre temps passé ensemble ? Quel projet est-il possible de construire à deux ? Ne perdons-nous pas notre temps à rester ensemble ? Que se passerait-il si notre projet venait à se modifier, voire à s'effondrer ?

Chaque individu possède un rythme qui lui est propre. L'une des grandes difficultés relationnelles est de se mettre au diapason de l'autre, en dépit de son individualité, pour entrer dans un rythme qui n'est ni celui de l'un, ni celui de l'autre mais celui de la relation elle-même. L'art d'équilibrer ses rythmes individuels et relationnels s'appelle la complicité.

Pour aborder ce phénomène rythmique, nous allons le séparer en deux aspects qui se déclineront chacun selon une paire d'opposés.

Trouver sa consistance est l'art d'entrer dans le rythme propre à la relation sans pour autant abandonner son rythme personnel. Deux stratégies sont possibles :

- *Le feu de paille* qui consiste à mettre tout son enthousiasme et le laisser tomber d'un coup.
- *L'immobilisme* qui consiste à résister à tout investissement dans la relation.

Devenir leader est l'art d'imposer son rythme propre à l'autre et à celui de la relation.

- *La contre-dépendance* : prendre toutes les décisions.
- *La dépendance* : laisser à l'autre toutes les décisions.

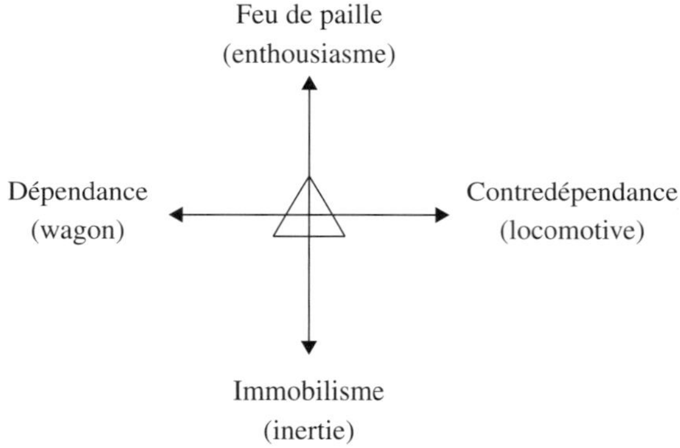

La consistance ou l'énergie investie dans la relation

Dans une relation à deux, on peut considérer qu'il existe trois interlocuteurs : toi, moi et nous. Adopter un rythme relationnel (nous) sans perdre mon rythme personnel (moi) est l'un des deux grands défis de la danse du couple que nous avons nommée complicité.

Feu de paille

Christian est un jeune homme de 21 ans aux airs de lutin malicieux. Souriant, il a l'esprit très vif et est toujours prêt à faire le pitre pour dérider son entourage. Très sympathique et plein d'humour dès le premier contact. Rien d'étonnant, donc, qu'il ait une vie sociale bien remplie.

Dans ses relations, il n'aime pas vraiment se prendre la tête avec des complications. Les relations, c'est fait pour s'amuser. « Si ça ne va pas avec quelqu'un, ça ne va pas ! Inutile d'insister ! » Son carnet d'adresses se remplit aussi vite que les anciens numéros de téléphone s'effacent de la mémoire de son portable. Même s'il parle d'un rêve de grand amour, Christian est plutôt volage, tant dans ses relations amicales qu'avec les amoureuses.

Il y a bien sûr le besoin de séduire et il n'a pas son pareil pour éblouir son interlocuteur dès la première rencontre. Ce n'est pourtant pas le désir de conquête qui le pousse à rechercher d'autres bras. Dès que la relation commence à poser des problèmes, il rompt et passe à la suivante en allant chercher, de préférence, quelqu'un du sexe opposé à celui de la personne du précédent échec. Il alterne généralement homme et femme dans l'idée de trouver un jour son « truc » dans l'une des deux orientations sexuelles.

Ses amitiés aussi se lient aussi rapidement qu'elles se dénouent et le noyau d'amis qu'il continue de fréquenter se résume à un groupe extrêmement réduit et constitué principalement d'admiratrices inconditionnelles qui ne lui ont cependant jamais laissé l'autorisation de relations physiques. Quoique trouvant leur attitude vexante et paradoxale, il tient bon et attend de pouvoir saisir sa chance.

Immobilisme

Grand brun au regard ténébreux, Fabien a tout de suite plu à Armelle. Tout à fait son style d'homme. Il faut dire que ce jeune célibataire possède plusieurs atouts qui en ont attiré plus d'une : beau, intelligent et aux opinions très originales…

Les deux sont célibataires, actuellement en arrêt de travail et disposent donc de tout leur temps pour faire des choses ensemble. Premier domaine test, les ébats horizontaux se sont montrés pleins de promesses et la tendresse complice a rempli le triste appartement de célibataire de fous rires ainsi que d'autres sons moins homologués par le Vatican.

Cependant, au bout de quelques semaines, Armelle a été confrontée à un obstacle de poids. Mis à part le sexe et des soirées passées à fumer des joints en regardant des DVD, Fabien n'a jamais envie de sortir. Il ne voit pas l'intérêt du cinéma sur grand écran, les expositions l'ennuient. Il ne voit pas non plus pourquoi il irait faire un tour au bois qu'il connaît par cœur. À vrai dire, Fabien semble ne jamais avoir envie de rien. S'il daigne de temps en temps suivre son amie dans une activité proposée, c'est à contrecœur et il lui a fait l'affront de s'immobiliser les bras croisés alors qu'il allait boire un verre avec des amis à elle.

Difficile d'imaginer que ce jeune homme amorphe est un bourreau de travail boute-en-train dans ses précédents lieux de travail. Ou, du moins, est-il ainsi les six premiers mois quand il a le sentiment qu'il apprend quelque chose. Puis il se décourage et se fait porter pâle auprès de son psychiatre.

L'ennui et l'inertie de Fabien sont plus forts que tout et c'est presque avec soulagement qu'il a laissé Armelle filer dans les bras de l'une de ses connaissances.

Les deux faces de la consistance

Une relation se construit à deux et l'un des aspects les plus importants de la complicité réside dans l'énergie et le temps consacrés à poursuivre des projets communs. Il existe deux stratégies opposées pour s'investir dans une relation.

• *L'inconsistance* : « Peu importe le flacon, pourvu qu'on ait l'ivresse » semble être la devise. Christian fait à ce point flèche de tout bois qu'il est en permanence prêt à faire n'importe quoi avec n'importe qui. Sans aucune colonne vertébrale ni consistance personnelle, il se laisse flotter d'une relation à l'autre dans des recherches de pur plaisir. Dès que les premiers soucis pointent le bout de leur nez, il repart à la recherche de nouvelles expériences. Autant dire que Christian est dans l'impossibilité de vivre quoi que ce soit de profond.

• *L'immobilisme* : la stratégie « choisie » par Fabien se trouve à l'exact opposé. Afin de rester consistant, fidèle à lui-même, il refuse presque toutes les propositions d'activité sous prétexte qu'elles ne lui conviennent qu'à moitié. Il est certain de ce qu'il veut, le malheur, c'est qu'il n'y a rien qui lui plaît.

Celui qui dit toujours « oui » et celui qui dit toujours « non » ont un point commun : ils sont tous deux incapables d'un échange véritable au sens de négociation et de compromis. Dans les deux cas, leurs relations restent confinées à de la superficialité car une vraie complicité ne s'installe que lorsque des projets sont créés à deux.

Le leadership ou la question de celui qui propose l'activité

Si le rythme de la relation elle-même (nous) est une entité partiellement indépendante du rythme individuel (moi et toi), c'est aussi parce que les deux protagonistes (moi et toi) lui ont imposé un certain rythme. Grand constituant de cette harmonie à deux que nous avons appelée complicité, le leadership pose la question de savoir qui va imposer son rythme au « nous » : toi ou moi ?

Dépendance

« Pas contraire », c'est l'expression qui vient à l'esprit quand il s'agit de décrire le comportement social de Daniel. Ce retraité est d'un contact assez aimable et est toujours partant face aux propositions des autres. Ce côté gentil et un peu mou laisse peu paraître un passé professionnel très actif de chef d'atelier à temps plein doublé de celui de commerçant en dehors de ses heures.
Ce qui l'amène à consulter, c'est un problème d'alcool qui s'est déclaré il y a quelques années. Tant que son travail lui garantissait un emploi du temps très chargé, tout allait bien dans sa vie personnelle avec sa femme, qu'il ne croisait jamais qu'en coup de vent. Vingt-huit années heureuses et actives se sont écoulées de la sorte. Cet équilibre a cependant volé en éclats lors de sa mise forcée à la préretraite.
N'ayant jamais pris le soin de cultiver aucune passion ni aucun réseau d'amis, Daniel s'est retrouvé face à une femme qu'il ne connaissait, en fin de compte, pas vraiment et leur manque d'intérêts en commun a conduit à une séparation concertée.
Ne trouvant plus suffisamment de quoi s'occuper, l'ennui l'a poussé à fréquenter les cafés pour ne pas se retrouver seul et les habitudes de boisson se sont progressivement installées. En cure de sevrage, il rencontra une dame qui cherchait du travail. Tout content de pouvoir avoir quelqu'un à ses côtés, il l'a engagée comme dame de compagnie mais la relation est très vite devenue intime. Pas vraiment attaché, il dira, dans l'après coup, que les motivations de cette femme étaient vénales. Lui la gardait pour sa présence et quand la relation s'est dégradée au point de rendre son quotidien irrespirable et de rompre, l'alcool est venu tout naturellement prendre le relais.
Après deux ou trois expériences relationnelles de la sorte, il finit par trouver une compagne avec laquelle il se sentait bien et avec laquelle il construisit un ensemble d'activités quotidiennes afin de ne jamais être seul ni inactif.

Contre-dépendance

Dans le regard émacié de Tatiana et dans sa silhouette musclée et longiligne, on lit une rigueur qui a traversé toute son existence. Sportive, hyperqualifiée professionnellement et polyglotte, elle est taillée pour faire une grande carrière mais cette dernière semble compromise par un deuxième épisode dépressif qui l'a menée à la limite de l'arrêt de travail.
Si la sphère professionnelle comporte presque tous les ingrédients pour qu'elle se sente épanouie dans son job, c'est son monde affectif qui la frappe d'affliction.
Pour tout dire, sa vie affective serait réduite à zéro si elle ne se ponctuait pas de ce qu'elle appelle des « Plans Cul », relations d'un soir rencontrées sur Internet. Si ces dernières apportent un minimum syndical en matière d'affection, elles n'ont pas plus de consistance qu'une poignée de chips interceptée en attendant l'arrivée hypothétique d'un repas qui n'arrive jamais.
Elle a bien, de temps en temps, certains hommes avec lesquels elle a été plus loin mais le scénario est toujours pareil. C'est d'abord une amitié qui commence, assez distante. Pour agrémenter les moments passés ensemble, elle démultiplie les propositions de sorties et d'activités sportives. Le type finit tôt ou tard par déclarer sa flamme, elle hésite, puis accepte sans trop de conviction pour ne pas gâcher la relation déjà construite. S'ensuit une valse-hésitation où elle démultiplie les possibilités d'activités pour prendre le temps de faire connaissance, puis un sentiment de frustration parce que l'autre ne s'investit pas, trois-quatre allers-retours je te quitte/je reviens/ne me quitte pas, puis rupture définitive.
Les raisons que cette trentenaire avance pour expliquer ses déboires : « C'est trop tard, tous les mecs bien sont déjà pris et il ne reste plus que les fonds de panier. »

Si le temps et l'énergie consacrés à des projets communs constituent un aspect fondamental de la complicité, la capacité de décider les projets à faire ensemble n'en est pas moins un aspect important.

S'il y a initiative, il y en a forcément un qui propose et l'autre qui est d'accord pour se laisser guider. Ces deux positions peuvent être résumées sous forme d'une métaphore ferroviaire :

• La locomotive correspond à celui qui, telle Brigitte, se pose comme syndicat d'initiative ambulant. Ne souhaitant pas que la relation sombre dans l'ennui ou le passage à l'acte sexuel, elle préfère prendre les devants et démultiplier les initiatives de projet commun.

• Le wagon est celui qui se place, tel Daniel, derrière une locomotive et est prêt à se laisser emmener vers de nouvelles aventures en faisant confiance aux initiatives de son automotrice. Cela tombe bien d'ailleurs parce que, quand il ne vit pas en compagnie, Daniel reste chez lui à ne rien faire si ce n'est boire pour passer le temps.

Si, pour qu'il y ait projet, il est inévitable qu'il y en ait un qui propose et un qui suive, la rigidification des rôles de locomotive et de wagon entraîne la relation dans un déséquilibre de plus en plus douloureux.

• La locomotive commence à s'essouffler et à se sentir de plus en plus frustrée d'être en relation avec une personne aussi passive et aussi peu autonome.

• Le wagon s'installe dans une passivité qui le fait douter à ce point de ses capacités d'initiatives qu'il finit par préférer laisser 100 % du choix à l'autre plutôt que de prendre le risque de proposer des activités avec nettement moins de talent.

En y jetant un premier coup d'œil, il serait facile de déclarer que le wagon est dépendant de la locomotive puisque clairement l'un mène et l'autre suit. Cependant, la locomotive a autant besoin de son partenaire pour planifier les projets communs qu'elle ne réaliserait pas toute seule. Tout aussi frustrée et excédée qu'elle soit, la locomotive est aussi dépendante que le wagon. On parle alors de contre-dépendance ou de dépendance à la dépendance de l'autre.

Rééquilibrer votre complicité

Si la relation était une musique à danser à deux,

- le superficiel se jetterait sur la piste sans prendre le temps de savoir s'il s'agit d'un tango ou d'une salsa ;
- le boulet refuserait de faire le moindre pas prétextant que le rythme ne lui conviendrait pas ;
- la locomotive se sentirait obligée de mener le bal pendant toute la chanson ;
- le wagon n'oserait rien proposer de peur de marcher sur les pieds de son partenaire.

Ceux qui ont déjà pratiqué les danses de salon savent qu'à moins d'une alchimie miraculeuse, il faut du temps pour apprendre à s'habituer l'un à l'autre et que l'apparente simplicité des couples de professionnels dissimule de très nombreuses heures d'entraînement, d'erreurs et de moments de découragement.

La capacité à prendre ce temps nécessaire à s'accorder l'un à l'autre est donc la vertu principale à cultiver pour que puisse s'établir une complicité véritable.

Le malheur est que les attentes concernant la relation sont devenues telles de nos jours que la tentation de remplir l'espace relationnel de projets en tout genre instaure dès les premiers moments de la vie du couple une dictature de la rentabilité et de l'efficacité.

Ce n'est pourtant que dans un temps suspendu qu'un véritable échange profond peut être établi entre deux êtres. Ceux qui veulent gagner du temps le perdent car ils ne pourront jamais toucher du doigt la magie relationnelle possible : le monde de l'éternel présent.

Sans être dans l'illusion que cet état puisse être obtenu en permanence, il est possible de s'entraîner à en recueillir quelques bribes de temps en temps. Pour ceux que les danses de salon rebutent, l'une des très nombreuses manières de s'en approcher consiste à cultiver le silence à deux.

Il est impossible à l'esprit de faire quoi que ce soit de constructif d'un ordre tel que : « Tu dois ne rien faire. » L'esprit est un hyperactif qui est capable de noyer dix secondes de silence par un déluge de commentaires mentaux. Apprendre à faire silence dans sa tête implique de se mettre à réaliser une tâche commune d'une extrême simplicité. L'exercice de base est une technique inspirée des techniques de guidage enseignées dans la discipline probablement la plus intérieure et la plus intime des danses de couple : le tango argentin.

Contrairement aux autres danses qui sont pétries de conventions selon lesquelles il est attendu que l'homme commence par un pas à droite et que la femme suive par un mouvement à gauche, le tango argentin a réduit les conventions au minimum pour laisser place à la subtilité du guidage instinctif qui ne peut fonctionner que dans une large ouverture émotionnelle à l'autre.

➤ L'état des lieux

Si vous souhaitez modifier en profondeur votre style en matière de complicité, la première démarche consiste à observer méticuleusement votre comportement en vous rappelant qu'il existe deux paramètres qui modulent le degré de complicité :

• le temps et l'enthousiasme investi dans la relation ;

• la capacité d'apporter de soi-même, de faire du duo un tandem tout à fait unique et non un partenariat interchangeable.

Voir fiche thérapetique 1 « L'état des lieux », page 187.

➤ Le miroir relationnel

Bien souvent, le meilleur révélateur de ce qui se passe en nous, ce sont les émotions que suscite en nous le comportement d'autrui. Le miroir relationnel est donc une technique complémentaire pour affiner son état des lieux.

Voir fiche thérapeutique 2 « Le miroir relationnel », page 190.

➤ Faire tourner la roue

Voir fiche thérapeutique 3 « Faire tourner la roue », page 192.

La roue de la complicité

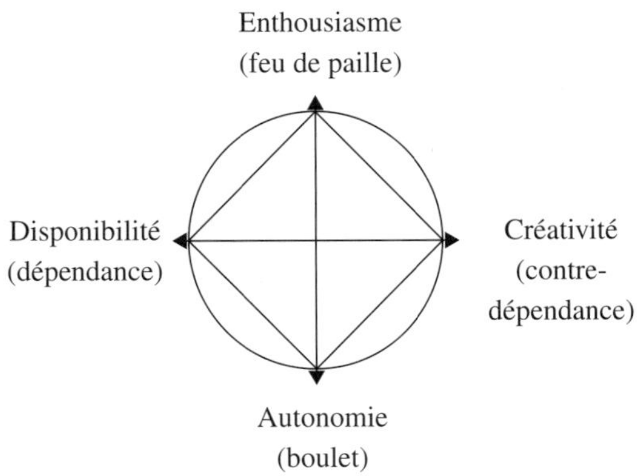

BASCULE ET MARCHE À DEUX

L'un des deux sera celui qui guide, l'autre celui qui suit. Les rôles peuvent êtres inversés à la fin de l'exercice.
— **Posture** : tenez-vous debout l'un en face de l'autre, les jambes jointes, à une distance d'un mètre sans vous toucher au niveau des bras. Tracez mentalement un axe qui traverse votre thorax en passant par le cœur. Relâchez vos épaules pour bien les aligner à la perpendiculaire de cet axe.
— **L'axe transversal :** étirez à hauteur du cœur un axe perpendiculaire à celui des épaules en l'étendant horizontalement devant vous. Ce deuxième axe deviendra votre ligne de mire. C'est avec cela que le meneur guide son partenaire et avec cela que celui qui suit est renseigné en permanence sur la marche à suivre concernant les pas à effectuer. L'axe transversal des deux partenaires doit à tout moment rester braqué sur le centre du torse et l'axe du partenaire.
— **Bascule** : tout en restant les pieds joints et les deux axes bien imbriqués l'un dans l'autre, le meneur va déplacer tout doucement son poids d'un pied à l'autre et le partenaire mené va essayer de suivre son déplacement du même côté afin d'effectuer un lent mouvement latéral tout en gardant continuellement les deux pieds joints.
— **Accroche** : quand le meneur sent que le mené bouge véritablement avec lui, il effectue lentement un pas en avant en s'assurant que le mené est incliné du bon côté pour que, si le pied gauche de l'un avance, le pied droit du mené recule ou *vice versa.*
— **Le rôle du meneur** consiste à s'assurer que le mené est avec lui et à marquer un pas. S'il a placé l'équilibre du mené sur la bonne jambe, c'est forcément la bonne jambe du mené qui va reculer.
— **Le rôle du mené** consiste à maintenir constante la distance, sans s'occuper de ses propres pieds. Si le meneur a bien fait son boulot, les pieds du mené doivent bouger en miroir sans qu'il en ait conscience.

Changer le leadership : sortir de la dépendance/contre-dépendance

Le jeu relationnel du wagon et de la locomotive peut être vu comme une simple rigidification des rôles de celui qui propose et de celui qui suit. Si vous vous sentez pris dans ce genre d'engrenage, c'est que, dans cette relation :

- La locomotive craint que la relation ne mène à rien ou bascule dans l'ennui et elle démultiplie les propositions pour y redonner de la vie.
- Le wagon craint de vexer la locomotive en apportant ses suggestions personnelles mais aussi et surtout de mal proposer, mal diriger et conduire l'activité commune vers ce qui est l'échec de la complicité : l'ennui à deux.

Les deux craignent donc le même ennui, mais l'un des deux est stimulé par son angoisse et l'autre est inhibé par cette même peur.

Le problème doit être affronté parallèlement selon deux axes :

— guérir de la peur de l'ennui (surtout pour la locomotive) ;

— dépasser la peur de décevoir (surtout pour le wagon).

➤ Le silence à deux : délaisser le leadership

Pour sortir de l'obligation épuisante de continuellement mettre sur pied des activités passionnantes à réaliser à deux, il est fondamental de retrouver un certain calme mental en présence de l'autre. L'esprit ne se calmant pas en appuyant sur un bouton « off », il convient de lui jeter en pâture une activité tellement banale et répétitive qu'il est obligé de se mettre en état de fonctionnement minimal : l'observation de la respiration est pour cela une tâche idéale.

Si vous êtes seul à pratiquer en face d'une personne qui ne sait pas ce que vous êtes en train de faire, choisissez simplement la technique de respiration décrite dans le chapitre sur l'ambition (page 135) tout en suivant du regard et de l'oreille ce que vous dit le partenaire.

Si vous pratiquez à deux, consacrez deux fois cinq minutes en alternant les rôles. L'un respire et commence à approfondir de plus en plus sa respiration telle que décrite dans le chapitre sur l'ambition (page 135), l'autre suit la respiration de l'autre sans qu'aucun commentaire verbal ne soit échangé. Au bout de cinq minutes, changez les rôles.

Tout en pratiquant l'exercice, vous observerez les flots de pensées et d'émotions qui déferlent, les obligations à agir ou à dire quelque chose. Vous pouvez échanger vos expériences à la fin de l'exercice.

➤ Prendre le leadership en main : dépasser la peur de décevoir

Que vous soyez seul à le décider ou en accord avec la personne de laquelle vous êtes dépendant, il convient de vous souvenir que la peur centrale du wagon est d'échouer dans les activités communes qu'elle pourrait proposer à l'autre : la peur de décevoir.

Il faut donc commencer par dépasser cette peur de l'échec et choisir des activités pour lesquelles vous n'êtes pas certain de remporter un franc succès : un film qui vous plaît à vous mais qui n'est pas vraiment son genre, une visite culturelle que vous auriez faite seul mais qui risque d'ennuyer l'autre. La peur de décevoir se dépasse en prenant le risque de décevoir, car, pour la locomotive, ce qu'il y a de plus décevant, c'est que le wagon ne propose jamais rien de personnel.

Décevoir implique aussi la possibilité de pouvoir dire « non » à la locomotive en sachant qu'elle dispose des mêmes droits lorsque c'est vous qui proposez.

Idéal : les projets au niveau mental

En pervertissant un brin le slogan humanitaire bien connu, nous pourrions dire : « Si tu donnes un ordre à un homme, il n'obéira qu'une journée, si tu lui enseignes un idéal, il travaillera pour toi toute sa vie. »

Trouver la motivation pour entreprendre un grand projet ne demande pas seulement une « grande idée » sur le plan mental, encore faut-il que cette grande idée soit suffisamment chargée d'émotions pour pouvoir être susceptible de maintenir une ou plusieurs personnes braquées sur un cap : l'idéal.

Dans un monde où le temps vient tôt ou tard délier ce qui a été lié, l'idéal est un projet assorti d'une promesse implicite : « Au moins, j'aurai fait cela et je n'aurai pas perdu mon temps. » C'est de là que lui vient sa puissance mobilisatrice susceptible, dans certains cas, de mettre en branle une nation entière.

La gestion de cette idée hautement chargée d'émotions ne se fait pas sans difficulté. Nous allons en illustrer les deux facettes principales en déclinant chacune d'entre elles en une paire d'opposés.

La foi ou la tendance à adhérer aux grandes idées se décline selon deux versants :

- *Le fanatisme* : ne laisser aucune place au doute.
- *Le scepticisme* : se laisser écraser par le doute.

La créativité ou la capacité à forger mentalement des projets se retrouve dans deux extrêmes :

- *La surproduction* : se poser comme centre absolu de créativité.
- *Le suivisme* : attendre toute idée de l'extérieur.

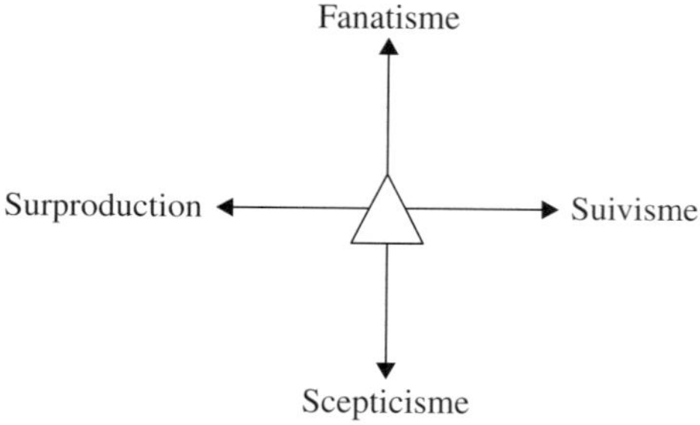

La foi ou l'adhésion émotionnelle au projet

Monopolisée habituellement par le discours religieux, la foi concerne en réalité un phénomène plus étendu que l'adhésion à une croyance religieuse, qui consiste à faire corps avec les idées qui sous-tendent l'idéal que nous poursuivons. Bien plus que du simple enthousiasme, la foi est une sorte de stabilité mentale et émotionnelle qui nous fait voir l'idéal comme la seule voie possible, même si cette dernière exige de tenir le cap contre vents et marées. Face à cette certitude, deux attitudes opposées sont possibles : le fanatisme et le scepticisme.

Fanatisme

L'air imperturbable de Tien plaiderait pour un visage pâlot si ses traits asiatiques ne lui donnaient pas des airs de moine bouddhiste. Il faut dire qu'une longue pratique de tai-chi a donné de la précision et de la retenue à tous les gestes de cet Oriental de 50 ans. Vietnamien et fier de l'être, il ne parle que par métaphores et ses longs silences avant de répondre aux questions peuvent susciter un pieux respect ou une exaspération chez son interlocuteur. Qu'importe, les Occidentaux ne comprendront jamais la profondeur de sa culture.

En première ligne de ceux qui ne le comprennent pas, se trouve Victoria, son épouse, qui s'agite d'autant plus que son mari reste au calme. Peu importe si elle ne cesse de lui bassiner les oreilles avec de futiles projets de sortie, si elle lui dit qu'il est ennuyeux comme la pluie à bidouiller tous les jours son petit ordinateur.

Qu'importe les reproches, Tien est patient. Il y a maintenant plus de vingt ans qu'il travaille à son projet de système d'exploitation informatique et il ne va pas se laisser décourager par de simples sarcasmes. Il sait qu'un jour, sa trouvaille le sortira de l'ombre et qu'il clouera le bec aux moqueurs de tout poil.

En attendant, sa femme le laisse faire en levant les yeux au ciel dès qu'il tapote sur son clavier.

Patience, il viendra à bout de ces obstacles-là aussi. Tous un jour comprendront leur erreur quand ils verront. Ce que bien peu savent, c'est que cet informaticien caresse un plan pour sortir de l'ombre. Il y a vingt ans que Tien travaille à mettre au point son grand projet informatique et il ne passe pas deux jours sans y apporter une modification.

N'avoir qu'une idée et persévérer.

Scepticisme

Malgré un regard décidé et une poignée de main énergique, Liliane n'en mène pas large au niveau de son humeur. Dans la moitié de sa quarantaine, cette éducatrice de rue spécialisée dans la prise en charge d'ados difficiles est elle-même dans la difficulté. Tout le monde s'accorde à lui reconnaître qu'elle exerce une profession malaisée et que les jeunes qu'elle côtoie ont de quoi faire désespérer un jeune professeur rempli d'enthousiasme, les défis ne lui ont jamais fait peur. Pourtant, depuis les vingt ans quelle exerce cette fonction, cette femme de défis n'avait jamais rencontré de difficulté à gérer ces jeunes et à les aider à donner le meilleur d'eux-mêmes.

D'où lui vient alors cet accablement qui lui pèse sur les épaules ? Où s'est envolé son bel enthousiasme qui avait fait d'elle un modèle pour ses collègues ? Qu'est devenue cette locomotive qui arrivait à mobiliser quatre ou cinq institutions en parallèle pour lancer des projets éducatifs ?

Si elle n'a aucun doute sur sa capacité à gérer un groupe, c'est sa motivation qui a fini par plier. Cette impression de verser une goutte d'eau dans la mer avait été jusqu'ici sa source de motivation, elle est maintenant celle de son accablement.

Le diagnostic est amer : elle a perdu la foi et il y a maintenant trois mois qu'elle végète chez elle paralysée entre des : « Il faudrait que je fasse des démarches pour retrouver autre chose », et des : « Tu n'y arriveras jamais ! » Le résultat de ces incessantes ruminations est qu'elle a mis trois mois à trouver l'énergie à composer et mettre en page son CV.

Peut-être attend-elle, comme les apôtres, que l'Esprit saint descende sur elle pour lui redonner le courage de se mettre en marche ?

S'il faut croire en sa « grande idée » pour trouver la motivation de mettre en action de grands projets, les excès de la foi peuvent déboucher sur deux stratégies de motivation diamétralement opposées :

• *L'idée fixe* : l'exemple de Tien illustre la tendance à se laisser obnubiler par son projet au point d'en oublier presque tout le reste. Comme s'il avait peur de manquer la grande occasion de sa vie de devenir riche et célèbre, Tien a consacré tous les loisirs de ses vingt dernières années à poursuivre un rêve de plus en plus lointain. Le paradoxe, c'est que plus ce dernier semble improbable, plus sa peur augmente d'avoir perdu son temps à poursuivre des chimères et plus il y investit des ressources pour « rentabiliser » ses efforts. Le plan « B », c'est de recommencer le plan « A ».

• *La panne idéologique* : la situation de Liliane illustre comment un idéal haletant peut, au bout de vingt ans, s'effondrer d'un seul coup ; ne lui laissant plus pour unique alternative que d'abandonner ce qui avait donné tant de sens à sa vie. Pour se remettre en selle, elle attend fébrilement un nouveau projet passionnant. Un aller simple pour le Paradis ou rien !

Ce que Tien et Liliane partagent, c'est que tous les deux sont en recherche d'un projet absolu, une foi totale dans ce qu'ils font. La faiblesse de cette stratégie est qu'elle ne laisse aucune place pour le doute et qu'il leur faut donc :

— nier la réalité, pour Tien qui n'a jamais rien obtenu en vingt ans de travail acharné ;

— renoncer à agir, pour Liliane qui ne trouve aucune grande cause à défendre.

Il n'y a que deux états acceptables pour les Don Quichotte : au galop de charge face aux moulins à vent ou terrassés par les larges bras de ces géants de pierre.

La créativité ou la capacité de construire soi-même un projet

Il n'est pas donné à tout le monde d'engendrer mentalement des projets qui vont susciter l'enthousiasme de toute une collectivité. La créativité, ou art marketing de charger ses idées de la tension émotionnelle qui peut donner aux autres l'envie de s'investir dans un projet, peut déboucher sur deux attitudes opposées : surproduction et suivisme.

Surproduction

Plutôt compact de constitution, le teint très pâle et les cheveux poivre et sel, Benjamin n'a pas véritablement un physique propre à attirer l'attention. Son visage, plutôt inexpressif, pourrait laisser croire à un électroencéphalogramme plat si tout son n'être ne s'animait soudainement de passion lorsqu'il se met à parler de son boulot.

L'esprit de Benjamin ressemble alors à une araignée perfusée sous cocaïne qui ne peut plus s'empêcher de tisser des toiles dans tous les sens. Ses productions : des idées pour le boulot, de nouveaux projets à lancer, des synthèses entre différents articles lus dans la presse scientifique.

Chef d'une petite entreprise qu'il a lancée il y a à peine cinq ans, ce quinquagénaire consacre toutes ses ressources mentales à son projet professionnel. Il faut dire que les enjeux sont de taille. Même si ce n'est pas la première entreprise qu'il monte, que ses précédentes affaires ont été un succès fulgurant et que ces dernières l'ont assez enrichi pour qu'il se retrouve à l'abri du besoin, Benjamin se dit parfois que le défi qu'il s'est fixé est peut-être un peu supérieur à ses compétences. L'idée centrale est novatrice, l'équipe motivée et les échos du monde professionnel semblent bons, mais le succès sera-t-il au rendez-vous ? Ne faut-il pas explorer de nouveaux secteurs, prendre de nouveaux contacts, entreprendre une nouvelle stratégie de marketing ?...

Pas du genre à se retrouver à court d'idée, Benjamin démultiplie les projets et les initiatives, mais c'est son équipe qui a du mal à suivre... Et surtout sa femme qui lui rappelle sans cesse que ses projets se dispersent, qu'une idée annule la précédente et rend les chances de succès encore plus improbables.

Quand Benjamin y réfléchit bien, il ne tient pas tant que ça à son projet et se sent de toute façon capable d'entreprendre dix mille autres choses.

Suivisme

Étonnamment voûtée et plaintive malgré une mise soignée et un discours très élaboré intellectuellement, Jacqueline ploie sous le poids des responsabilités qu'elle s'est mises elle-même sur le dos. Cette femme d'à peine 50 ans était devenue la coéquipière de son mari Benjamin dans la première affaire qu'il monta il y a quinze ans. Misant avant tout le monde sur la montée des compléments alimentaires, Benjamin a réussi avec l'appui de son épouse à créer une boîte qui est actuellement cotée en Bourse.

Une fois l'affaire consolidée, il n'y avait plus de défi, il a donc vendu son entreprise pour démarrer un nouveau projet. Cette fois-ci, il s'agit d'un service qu'il propose aux entreprises de réaliser une diète en nutriment individualisé pour chaque employé de manière à optimiser le bien-être physique et mental et par conséquent la rentabilité de chacun.

Benjamin a beau être certain de son coup, Jacqueline se dit que, cette fois, il a visé trop haut et que, même si l'idée est bonne, il n'arrivera pas pour autant à convaincre les chefs d'entreprise.

Ce qui tracasse le plus Jacqueline, ce n'est pas la perspective que l'entreprise ne fonctionne pas mais le sentiment de ne pas se réaliser comme personne distincte de son couple. Pour travailler aux côtés de son mari, elle avait mis de côté une carrière personnelle qui s'annonçait prometteuse. Elle ne rejette pas les efforts investis dans la première entreprise mais se sent incapable de voler de ses propres ailes. Géniale pour trouver les moyens concrets de mettre les idées de son mari en pratique, dès qu'il s'agit de créer elle-même les idées, c'est le blocage. Elle se tâte, hésite, essaie vaguement, se rétracte, tente à nouveau et laisse tomber en se disant qu'elle n'est pas capable. Ce n'est pas l'échec qu'elle redoute. Si l'entreprise périclite, elle pourra toujours se draper derrière un : « Je l'avais bien dit ! » Ce qui la tétanise, c'est d'échouer dans un projet qu'elle a elle-même décidé. Si elle prenait le risque de décider seule, elle n'aurait plus personne derrière qui se dissimuler.
Tant que cette peur ne sera pas vaincue, elle devra se contenter de mettre en action les idées des autres.

Si une voiture a besoin d'essence pour rouler, le groupe, lui, a besoin d'une « grande idée » comme carburant de motivation. Reste à savoir qui va en être le promoteur et qui en sera l'exécutant.

• *Le créatif* est celui qui est capable de « pondre » des idées, de les considérer avec enthousiasme et de transmettre cette ardeur. Benjamin ne manque ni d'idées ni d'enthousiasme pour les communiquer. Ces deux qualités lui ont valu le rôle de chef d'entreprise qu'il tient maintenant depuis des années. Une fois couronné de succès, le projet ne l'intéresse plus, ce qui le fait vibrer, c'est concevoir. Le problème est qu'une fois conçus les projets doivent encore être mis en œuvre et, s'il ne dispose pas de collègues dévoués, Benjamin ne trouve pas en lui les ressources nécessaires à s'astreindre à des tâches aussi peu créatives.

• *Le suiveur* est celui qui s'enthousiasme des idées des autres et dont l'ambition consiste à mettre ces dernières en action. Exécutante et organisatrice d'élite, Jacqueline est pourtant extrêmement frustrée de ne jamais oser lancer ses propres idées et son mari aura beau lui répéter qu'elle a plus de potentiel que lui, Jacqueline n'ose pas.

Le leader et le suiveur rejouent sur le plan mental ce que le stakhanoviste et l'épicurien (voir chapitre sur l'ambition page 135) jouent sur le plan du travail ordinaire.

- *Le créatif* ne supporte que la haute voltige intellectuelle et, pour ne pas se prendre les pieds dans les détails triviaux de la mise en application, préfère déléguer cette tâche jugée comme inférieure à d'autres collaborateurs plus industrieux.
- *Le suiveur* est expert pour tirer des applications pratiques et fonctionnelles des idées du leader, mais il est pétrifié de peur lorsqu'il s'agit de porter sur ses épaules à lui les responsabilités d'avoir eu une idée personnelle.

Rééquilibrer son idéal

➤ L'état des lieux

Si vous souhaitez modifier en profondeur votre style en matière d'idéal, sachez d'abord que la tâche sera de longe haleine tant il s'agit d'agir sur un subtil mélange fait d'émotion et de pensée.

Voir fiche thérapetique 1 « L'état des lieux », voir page 187.

➤ Le miroir relationnel

Bien souvent, le meilleur révélateur de ce qui se passe en nous, ce sont les émotions que suscite en nous le comportement d'autrui. Le miroir relationnel est donc une technique complémentaire pour affiner son état des lieux.

Voir fiche thérapeutique 2 « Le miroir relationnel », page 190.

➤ Faire tourner la roue

Voir fiche thérapeutique 3 « Faire tourner la roue », page 192.

La roue de l'idéal

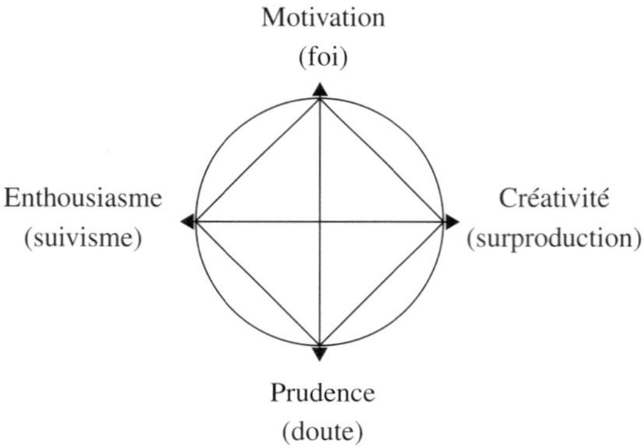

Pour dépasser les mirages de la foi

Trouver l'énergie nécessaire pour porter sur ses épaules un projet s'étendant sur du long terme demande d'ancrer sa motivation dans un sol stable. La foi en tant qu'absolue certitude d'être sur le bon créneau et que nos efforts vont se trouver couronnés de succès est un état mental peut-être très exaltant, mais il peut se retourner comme une crêpe d'un instant à l'autre.

La raison de ce phénomène est que la foi, qu'elle soit religieuse ou professionnelle, est un phénomène absolument involontaire et la meilleure volonté du monde n'est pas capable de la faire naître en nos cœurs, de même que la réprobation unanime n'est pas forcément capable d'en venir à bout.

En attendant que l'inspiration sacrée vienne à nous ou nous délaisse, il est possible de trouver sa motivation. Non pas dans la tension d'un hypothétique résultat qui pourrait nous mener autant au triomphe qu'à une déculottée humiliante, mais dans le fait même de se mettre en action.

Croire en la possibilité d'un paradis à venir nous fait osciller entre la simple peur de l'échec et la crainte d'arriver à destination et de se trouver, de ce fait, privé de but dans l'existence. Que ferions-nous au paradis ? Que resterait-il à entreprendre dans cette abominable abstraction que l'on nomme éternité ?

C'est le mouvement lui-même qui doit devenir source de motivation parce qu'il n'existe aucun but final et que toute arrivée n'est rien d'autre que le commencement d'une nouvelle étape. Le seuil de la mort, bien sûr, est censé mettre fin au pèlerinage incessant de l'individu. Mais, même dans les hypothèses les plus matérialistes, le fruit de nos actions se propagera-t-il au fil des générations pour entrer dans ce grand mouvement perpétuel que sont les tribulations humaines ?

➤ Laisser coexister la foi et le doute

Une des manières de ne pas tomber dans les travers de l'excès de confiance ou de doute consiste à se rendre capable de contempler les deux opposés avec un égal détachement. Dans ce but, vous pouvez utiliser la technique de la fiche à double face. Cette dernière peut s'avérer spécialement utile dans le cas où vous êtes dans une humeur trop découragée ou trop excitée.

L'attention au contexte (suivisme)

L'un des « vices » principaux d'un esprit au grand pouvoir de créativité est de faire très peu de cas de ce qui existe déjà pour ne se centrer exclusivement que sur les projets d'avenir ; l'important pour lui n'étant pas d'y arriver mais de continuer à s'agiter sur de nouveaux projets. Résultat des courses : il laisse à moitié inaccomplies une foule d'idées et son entourage a de plus en plus de mal à le suivre dans les évolutions de ses projets.

LA TECHNIQUE
DE LA FICHE À DOUBLE FACE

1. La première étape consiste à établir une fiche « mémo » à double face :
— sur le *recto* de la fiche, inscrivez de manière succincte l'objectif que vous comptez atteindre ainsi que les émotions que vous ressentiriez si vous étiez sur le point d'obtenir un succès total dans votre entreprise ;
— au *verso*, inscrivez toutes les raisons pour lesquelles cela ne marcherait pas ainsi que les émotions que vous ressentiriez si votre projet s'effondrait complètement.

2. La seconde étape consiste à exagérer votre état du moment (enthousiasme/découragement) :
— sur la base des mots clés de la fiche, imprégnez-vous de la rhétorique triomphaliste ou défaitiste pour vous construire un petit dialogue interne d'environ une minute ;
— ensuite, lancez-vous dans un dialogue exactement opposé pour une même durée ;
— alternez ensuite les deux mêmes sur trente secondes, puis sur quinze.

Qu'est devenu votre état d'humeur ?

Le « remède » à cette déviance consiste à exercer une attention plus soutenue aux idées lancées à la légère et de ne pas impliquer autrui tant que vous n'êtes pas raisonnablement sûr que le projet est viable. Une question de respect, en quelque sorte.

Retrouver le droit de créer

Les personnes qui, comme Jacqueline, se sentent pétrifiées à la perspective d'engendrer des idées par elles-mêmes, se comportent comme si un personnage génialement créatif et maniaque (au sens maniaco-dépressif) existait dans leur tête et leur interdisait tout droit à créer : « Qui es-tu pour créer ? Qui es-tu pour avoir des idées ? » Une manière de remettre ce personnage à sa place consiste à appliquer la technique des cinq personnages[1] qui permet de théâtraliser sous la forme de cinq petits monologues le cinéma intérieur de l'individu inhibé. Chaque personnage est à tenir le temps d'une minute en s'assurant bien que la charge émotionnelle, l'intonation et la posture sont au rendez-vous.

1. Cette méthode est dérivée des techniques de « PG » inventées par Jacques Fradin.

LA TECHNIQUE DES CINQ PERSONNAGES

L'idée est de rétablir son état d'humeur en jouant à haute voix différents personnages tout en essayant de s'imprégner de leur état affectif.

— **L'Incapable** parle en terme de « Je » sur un ton de lamentation résignée.

« Je suis nul… Je suis incapable… Je n'ai aucune créativité… »

— **Le Coach** s'adresse à l'Incapable en lui disant « Tu ». Son ton est énergique :

« Tu devrais te ressaisir… Tu as des capacités, tu peux le faire… Tu dois mieux t'appliquer… Tu dois éviter les erreurs… »

— **Le Génie** s'adresse à l'Incapable sur un ton d'exaltation maniaque :

« Qui es-tu pour oser prétendre créer ? Moi seul, suis capable d'avoir des idées. J'en ai d'ailleurs dix à la seconde, je suis un torrent intarissable de créativité, les gens me trouvent génial, ce que je suis… »

— **Le Réaliste** s'adresse au Génie en le critiquant sur un ton calme mais déterminé :

« C'est bon, tu as fini de faire ta tirade du génie, tu penses pouvoir tout créer mais tu es en fait un imposteur, une tête en l'air qui lance dans le ciel de vagues idées sans aucune capacité de mettre les choses en action, tu n'as pas le sens des limites… »

— **Engagement** : maintenant, sans plus jouer la comédie, c'est vous qui parlez :

« Je m'engage à ne plus me laisser aller à mon découragement et à mettre en application certaines idées importantes pour moi. »

Conclusion

Au-delà de la psychologie

Tout au long de cet ouvrage, nous avons fait le tour des diverses complications d'exister, d'être en lien et d'entreprendre. Le moment est maintenant venu de passer à une vision des choses plus large en quittant une lecture purement psychologique de la personnalité et des troubles qui en découlent pour en aborder les aspects plus philosophiques.

Fidèle à notre vision tripartite, nous scinderons notre propos selon les trois noyaux de destins que nous avons explorés.

Pour rééquilibrer la difficulté d'exister

En explorant les nombreux moyens de se compliquer le simple fait de se sentir exister comme personne unique, nous avons abordé les difficultés à « supporter » le regard des autres (identité), la volonté de son interlocuteur (respect) ainsi que la vision du monde collective (vision).

Ces trois niveaux de complications psychologiques sont imprégnés d'une fragilité, caractérisée par un talon d'Achille qui se trouve au cœur même du destin d'existence : la peur fondamentale de cesser d'exister comme un individu unique ou *l'angoisse d'anéantissement*. Lorsqu'on examine les racines de son angoisse, on comprend sans peine que la question de l'existence soit capable de mener aux manifestations psychiatriques les plus impressionnantes : schizophrénie, paranoïa, narcissisme, automutilation… Toute la violence possible de l'être humain est contenue dans le fait d'accepter pour soi et pour autrui le simple droit d'exister comme une personne à part entière.

Forte des certitudes de son inoxydable bon sens, une personne qui se trouve sur une autre ligne de destin que l'existence pourrait, face à cette terreur de cesser d'exister, affirmer un bienveillant : « Mais non, tout ça, c'est dans ta tête ! »

Pourtant, sommes-nous bien certains que notre être se limite à la petite liste de qualités, défauts, envies, idées que nous avons regroupés sous la notion de « moi » ? Exister, est-ce vraiment une chose qui va de soi au point de mériter réflexion en faculté de philosophie ? S'agit-il d'une réalité tangible ou bien d'une confortable fiction qui nous permet de végéter heureux dans un monde purement illusoire ?

Ceux qui auront le courage d'aller au-delà de leur propre apparence, de leur volonté et de leur activité mentale pourront, sans doute, se rendre compte que l'existence, au sens plein du terme, est certes un destin qui conduit vers beaucoup de souffrances mais aussi une brèche dans l'aveuglement de notre bon sens ordinaire qui nous donnerait à voir, si elle ne nous pousse pas à la folie, de quelle pâte notre humanité est pétrie.

À ceux qui voudraient pousser plus loin le questionnement, ou qui voudraient simplement sortir des tourments de la question d'existence, il est possible de se mettre en quête non pas de leur identité : « Qui suis-je ? » mais de leur essence : « Que suis-je ? », ou : « Qu'est-ce que Je ? »

À mille lieues des propos verbeux entendus en chaires de faculté, de nombreux instructeurs se sont intéressés à la question en expérimentant sur eux-mêmes le principe de retour à la source de leur être, au-delà des apparences, des émotions ou des pensées. Les voies méditatives introspectives (centrées sur l'observation de la source de nos pensées, de notre respiration…) sont une porte d'entrée de choix.

Sur le plan mental, l'étude de disciplines telles que le droit, l'histoire, la théologie, la psychologie et la politique est une bonne manière d'approcher ces forces obscures qui agissent à l'encontre du vouloir humain et que l'on nomme volonté divine, fatalité historique, *vox populi,* pouvoir de destruction inhérent…

Au niveau matériel, la pratique d'arts martiaux permet également de canaliser les forces mises en présence dans la lutte et le pouvoir de destruction. Partie intégrante de l'éducation de certains moines, la pratique des arts martiaux permet d'identifier en soi et de mieux maîtriser des forces qui, sinon, agiraient en nous de façon tout à fait inconsciente.

Pour rééquilibrer la difficulté d'être lié

En cheminant parmi les multiples complications qui gravitent autour du sentiment d'être en lien, nous en sommes venus à aborder les questions du lien avec notre environnement matériel (sécurité), relationnel (confiance) et social (intégration).

Quels que soient les différents avatars du destin de « se lier », le vécu central est identique. Être lié à une chose ou à une personne, c'est tisser entre elle et nous des fils au point de se sentir faire un avec la chose ou la personne. Une fois l'unité établie, faire du mal à la chose (ou à la personne) ou à nous-même revient au même car les deux identités se confondent. Le talon d'Achille de ce genre d'approche est la terrible vulnérabilité qu'elle engendre puisque perdre ce à quoi on est lié équivaut à perdre une partie de soi-même. Derrière la peur d'abandon se cache un vécu beaucoup plus cru : se sentir déchiré et totalement vulnérable à son environnement. C'est ce que nous appelons l'angoisse de déchirure.

Peurs de perdre, de devenir esclave, d'être abandonné, de devoir trop donner à l'autre, de se faire rejeter ou de perdre sa liberté… Cette insécurité fondamentale nous susurre que notre environnement ne va pas nous fournir ce dont nous avons besoin pour vivre. Notre viscérale tendance à la possessivité, à l'appropriation des biens d'autrui, à l'accumulation et au besoin de tout prévoir à l'avance n'est qu'une tentative désespérée de recouvrir cette angoisse de déchirure d'un fragile voile de sécurité.

Face à ce sentiment d'instabilité matérielle, affective et sociale, la tentation est grande de colmater les brèches par un : « Mais nooooon, tout va bien se passer ! »

Pourtant, qu'est-ce qui, dans l'absolu, nous garantit que la faillite, l'abandon ou l'exclusion sociale ne vont pas, comme dans l'histoire biblique de Job, nous tomber dessus d'un moment à l'autre ? Nous pouvons bien sûr sécuriser nos avoirs matériels en prenant des assurances, mais existe-t-il des polices qui nous garantissent un époux fidèle ?

Pour ceux qui auraient le courage de porter leur regard au-delà la brèche de l'instabilité fondamentale de nos liens matériels et émotionnels, il est possible de discerner les fibres d'une immense toile qui relie tous les êtres et tous les phénomènes dans un réseau inextricable. Rien n'est isolé et tout est interconnecté.

Pénétrer dans les profondeurs de ce qu'est véritablement le lien qui nous unit aux choses et aux personnes demande de développer en soi le sentiment de « faire un », de comprendre de quelle étoffe est construit ce grand mystère que l'on nomme, faute de mieux, amour. Pour celui qui, animé par un destin de « se lier », désire dépasser l'illusion de la séparation qui existe entre les choses, il existe différents moyens d'y parvenir :

• Sur le plan intellectuel, par une étude scientifique du lien à l'environnement (écologie et astronomie), par une représentation religieuse ou une étude plus mentale (gnostique) des textes sacrés.

• Sur le plan de l'expérience, par une pratique religieuse de dévotion pour un symbole ou une personne qui mérite votre admiration.

• Sur le plan matériel, par la simple pratique de services apportés aux autres. Ces derniers ne devant pas forcément être des petits enfants d'Afrique pour susciter votre compassion. Commencez à regarder comment pourvoir aux besoins des personnes de votre entourage.

Pour rééquilibrer la difficulté d'entreprendre

Notre périple au sein des complications destinées à meubler le temps et à investir son énergie nous a amenés à envisager les difficultés liées aux projets personnels (ambition), relationnels (complicité) et collectifs (idéal).

Quel que soit le niveau sur lequel porte l'analyse, les différents avatars du destin d'entreprise tournent autour de la conviction profonde que tout finit par passer et que le temps, joueur patient et impitoyable, finira toujours par rafler la mise. *L'angoisse de gâchis* ou sentiment que l'on n'a pas mis à profit le temps imparti se trouve au cœur des enthousiasmes les plus délirants comme des découragements les plus sombres. C'est cette terreur qui pousse actuellement notre société à vouloir aller toujours de plus en plus vite, à être de plus en plus heureux, avec les résultats inverses que l'on constate.

En revêtant l'étendard du bon sens, il serait si simple d'opposer à ce destin qui pousse à la frénésie de l'agir un : « Relax, man ! Tout va bien se passer ! », voire de lancer un : « Il faut être zen ! »

Pourtant, sommes-nous tellement certains de bien utiliser le temps qui nous est imparti ? Ne sommes-nous pas en train de courir derrière des chimères ? La réflexion peut porter sur l'humanité dans son ensemble : vers où nous mène cette course au progrès et à la consommation ? Le paradis sur terre demande-t-il de posséder le dernier modèle de TV plasma ?

Ceux qui se sentiraient assez forts pour contempler ce mouvement interne qui les anime ont, s'ils ne virent pas vers les fluctuations de la maniaco-dépression, une chance de mettre ce mouvement au service de la société tout entière. Les voies d'accès pour ceux qui veulent cultiver l'art d'entreprendre « utile » pourraient être :

- Sur le plan de l'expérience : les techniques de méditation centrées sur le ici et maintenant (*vipassana, mindfulness*...) ou toute autre technique méditative qui augmente le sentiment d'être dans le présent.
- Sur le plan physique : les techniques corporelles, du type tai-chi, danse et musique... enseignent à se couler dans un rythme qui n'a plus rien de forcé ni de frénétique.
- Sur le plan mental, les sciences appliquées et toutes les déclinaisons de la technologie offrent à celui qui les aborde d'exceptionnels outils à mettre au service de ses projets.

Au-delà de la personnalité

Non, la réalité interne ne se limite pas au cinéma intérieur psychologique que nous avons décrit tout au long de cet ouvrage ! Il y a un continent entier qui s'ouvre à celui qui a pacifié et équilibré les forces de sa personnalité. Tant que ces dernières sont toutes-puissantes, l'individu se retrouve prisonnier de ses propres névroses. Mais passé ce seuil, les lois de causes et effets deviennent inopérantes. Décrire ce mode de fonctionnement n'appartient pas au psychologue et nous nous contenterons d'un : « Là où vous pensez trouver votre pire ennemi se trouve aussi votre meilleur ami. »

Annexe

Techniques thérapeutiques transversales

Fiche thérapeutique 1

L'état des lieux

Vous avez décidé de changer votre comportement ? Merveilleux ! Si le manuel a été pour vous d'un quelconque éclairage, vous êtes probablement prêt à faire ce qu'il faut pour changer. Au risque de refroidir votre ardeur, un changement en profondeur demande du temps et des efforts. Les attitudes du type : « J'ai tout compris, demain, je change tout ! » ne sont pas plus réalistes que durables.

Un véritable travail de remise en question nécessite des mois, voire des années. L'objet de notre étude est notre propre personnalité. Si presque tout le monde connaît sa taille au centimètre près, dans le domaine de la psychologie, n'est pas expert qui veut.

Notre personnalité a ceci de particulier que, bien souvent, elle nous fait percevoir les choses subjectivement comme l'inverse de la réalité. L'exemple le plus frappant étant sans doute celui de l'enfant et du pédophile où le premier est souvent persuadé d'être le vrai coupable des attouchements qu'il subit quand l'adulte, de son côté, finira par se convaincre que c'est l'enfant qui le séduit.

Pour sortir de cette vision déformée des choses, il existe une arme à la puissance redoutable : **un petit calepin**. Si vous prenez la peine d'en acquérir un et que vous vous astreignez dix minutes à y consigner les observations de la journée, c'est tout votre quotidien qui peut devenir un champ d'expérimentation thérapeutique.

Choisissez-le bien car il sera votre compagnon pendant plusieurs mois ! Il devra être suffisamment petit pour être emporté dans tous vos déplacements et suffisamment discret pour ne pas susciter l'attention des curieux.

Voici quelques sugestions en matière de contenu :

- **Inauguration** : commencez par l'inaugurer en y inscrivant la date d'ouverture, les comportements que vous souhaitez changer, ce que vous avez compris des causes qui agissent sur vous. Cette étape préliminaire constituera une ligne de base qui vous permettra de vous évaluer dans vos changements.
- **Prise de notes quotidiennes** : notez-y vos « fautes » (quand vous retombez dans de vieux pièges), vos incompréhensions, vos découvertes…
- **Bilans réguliers** : au moins un fois par semaine, faites le point sur là où vous en êtes de votre comportement et de sa compréhension. Qu'est-ce qui bouge ? Qu'est-ce qui bloque ?
- **La modélisation du problème** : la théorie doit avant tout servir à changer votre comportement. Si vos hypothèses ne servent pas à changer, laissez-les de côté et cherchez-en d'autres plus utiles. Des « C'est la faute dà mes parents » ou « Je ne suis pas assez intelligent » ne servent qu'à une seule chose : se justifier dans son impuissance. Au cours de votre expérimentation, votre vision des choses a de fortes chances de

changer, d'où l'intérêt de faire de temps en temps un petit bilan théorique sur le thème : « Comment je peux agir sur mon problème ? »

• **Donner existence au problème** : il n'est pas inutile de représenter votre difficulté sous la forme d'un petit démon ou en lui donnant un petit nom qui vous permettera de dialoguer avec elle. Personnellement, j'aime beaucoup l'idée de diable car, tous les exorcistes vous le diront : on ne supprime pas le diable, on négocie avec lui (n'est-il pas lui-même une créature voulue par Dieu ?). Et c'est justement le travail qu'il y a à effectuer : se réconcilier avec l'insupportable.

• **Phrases d'encouragement** : il faut du courage pour changer et celui qui n'est pas capable de saisir au vol les petits clins d'œil que lui adresse l'existence risque fort de se laisser décourager.

Fiche thérapeutique 2

Le miroir relationnel

« Si tu tends l'index pour accuser l'autre de tel ou tel vice, n'oublie jamais que trois de tes doigts pointent dans ta propre direction. »

Si les relations sont parfois si pénibles, c'est souvent parce que les autres se laissent aller à des comportements qui nous révoltent, certes, mais qui représentent surtout une face latente de notre personnalité que nous avions pris grand soin d'exclure de notre existence.

Plutôt que de se lamenter de notre irréductible propension à voir la paille dans l'œil du voisin, il est tout à fait possible de profiter de cette tendance à juger autrui pour découvrir ce qui est à ce point heurté, en nous-même par l'attitude de telle ou telle personne. Si cette pratique salutaire doit prendre des années pour porter ses fruits, il est une méthode toute simple (inventée par J. Fradin) pour faire un bilan de ce que nous renvoie notre entourage : placer tout son entourage sur la croix du secteur psychologique en question.

La méthode est la suivante :

1. En fonction des deux paires de variables du secteur en question, placez les cinq personnes les plus proches de votre entourage quotidien.

2. Ajoutez maintenant une dizaine de personnes (réelles ou imaginaires) qui suscitent pour vous une puissante admiration, un irritation, un dégoût ou une incompréhension prononcés.

Assurez-vous que vous disposez d'exemples dans tous les cadrans.

3. Entourez en vert les personnes avec lesquelles vous avez un lien positif et en rouge celles avec lesquelles vous avez un lien négatif.

4. Identifiez la tendance que vos ne supportez pas et commencez à vous poser la question suivante : qu'est-ce qui en moi réagit de façon aussi violente à cette tendance-là ? Où en suis-je moi-même sur cette dimension ?

5. Placez-vous vous-même sur la croix.

➤ Exemple : pour le secteur de la confiance

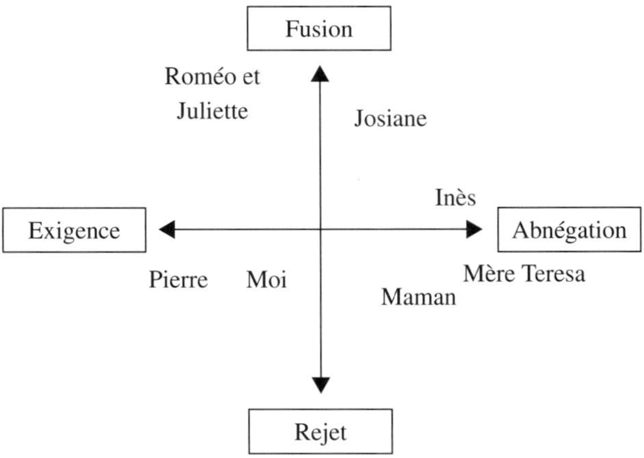

Fiche thérapeutique 3

Faire tourner la roue

Contrairement à la logique du restaurant, où nous avons toute liberté de choisir ce que nous allons commander sur la carte, l'existence ressemble plus souvent à une grossière cantine d'école primaire où nous sommes non seulement confrontés à un plat du jour unique, mais en plus forcés de terminer notre assiette avant de pouvoir aller dans la cour de récré.

Chacun des neuf secteurs a été représenté sous forme de roue et il est évident que certains secteurs sont nettement plus agréables que d'autres. Chose amusante, tout le monde n'affectionne pas les même positionnements et le paradis des uns est souvent l'enfer des autres.

➤ La pathologie, c'est le manque de choix

Chaque être humain possède en lui les quatre aspects (croix) des neuf grands enjeux psychologiques que nous avons décrits dans cet ouvrage. C'est le point commun qui existe entre tous les êtres humains. Ce qui nous différencie les uns des autres, c'est la proportion que ces différentes tendances prennent dans nos personnalités. Plus ces tendances sont marquées, plus nos comportements deviennent rigides et moins nous disposons de la possibilité de choisir une réponse appropriée à la situation. Quand la réponse devient quasi automatique, nous nous retrouvons coincés dans une pathologie qui déséquilibre tout notre fonctionnement psychologique.

➤ Rétablir le choix

Retrouver le choix pour guérir de sa pathologie mentale ne consiste pas à supprimer de notre comportement la tendance qui est excessive, c'est avant tout récupérer sa liberté de choisir entre différentes tendances possibles. La pathologie a installé un mode de réponse presque automatique qu'il va falloir apprendre à concurrencer par d'autres attitudes pour recouvrer son libre arbitre. Se soigner mentalement consiste donc à s'entraîner à adopter de nouvelles attitudes.

➤ Développer les trois autres pôles

Dans le modèle que nous avons présenté, chacun des neuf enjeux psychologiques a été divisé en deux paires d'attitudes opposées qui se croisent et qui ont été placées sur une croix. Si nous nous sommes fait coincer sur un des bras, il va falloir s'entraîner à développer les trois autres bras. Les chapitres afférents à chacun des neuf enjeux psychologiques comportent des conseils pour expérimenter les autres aspects.

➤ Passer par le carré

La tendance habituelle pour toute personne qui tente de changer son comportement consiste à essayer immédiatement de faire l'inverse de l'attitude que nous souhaiterions modifier. Même s'il est possible de s'attaquer directement à l'attitude opposée à celle où nous nous retrouvons coincés, il est souvent préférable de commencer par pratiquer les deux tendances de gauche et de droite avant de s'attaquer à celle d'en face. Nous nommons cette technique : « passer par le carré ». Une manière de commencer ses efforts de façon plus douce et plus durable.

Exemple : la grosse difficulté de Jo (voir page 104) consiste à vouloir se fermer au lien affectif avec toutes les personnes qui ne sont pas 100 % fiables. Pour reprendre le graphique de la confiance, elle se retrouve en rejet et devrait apprendre à entrer plus facilement dans quelque chose de plus affectueux (fusion). S'il existe des techniques de méditation permettant de s'ouvrir affectivement à son interlocuteur, il serait beaucoup plus judicieux, avant d'apprendre à s'ouvrir, de pouvoir passer par des demandes xyz à son entourage. En passant par le côté exigence, elle pourra réinstaurer les bases d'une confiance affective qui rendront l'ouverture plus facile. Passer par le carré consiste, au lieu de viser immédiatement à acquérir la qualité opposée à la nôtre, à utiliser un pôle « latéral » du schéma en croix. Une manière indirecte d'arriver à ses fins.

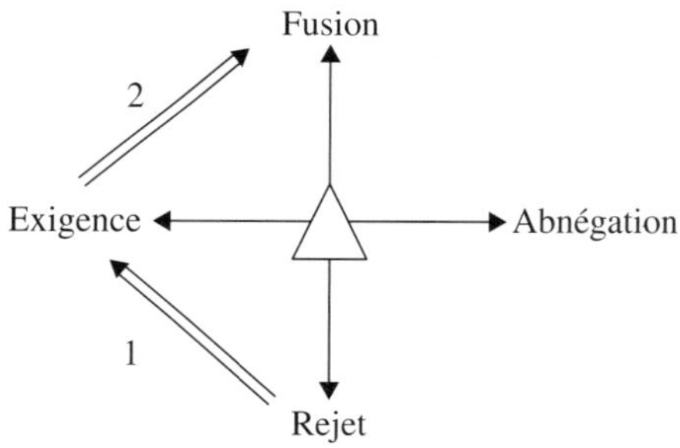

➤ L'indispensable carnet

Les grands serments de « plus jamais » et les bonnes intentions ne suffisent pas à modifier un comportement parfois ancré depuis l'enfance. Modifier ses attitudes nécessite une vigilance de tout instant. L'usage d'un carnet de notes pour y enregistrer nos efforts, nos doutes et nos observations est un précieux allié, à supposer que l'on adopte la discipline de le porter toujours sur soi et qu'on ritualise au coucher cinq minutes pour y inscrire ses observations. Faute de pouvoir vous payer les services d'un psy vingt-quatre heures sur vingt-quatre, un petit carnet de poche fera l'affaire.

➤ L'économie de jeton

Tenir un décompte précis de toutes les attitudes que nous avons adoptées concernant le problème traité n'est possible que sur une durée assez courte. Au fil du temps, nos souvenirs s'étiolent, se mélangent et nous finissons par ne plus savoir du tout où nous en sommes. Une manière toute simple de contourner ce problème consiste à utiliser une comptabilité basée sur des jetons de couleur. Si vous prenez la peine d'acquérir dans un magasin de jouets des jetons pour jeu de société ou de poker, vous pouvez attribuer une couleur à chacune des quatre branches de la croix. Munissez-vous ensuite de quatre gobelets qui recevront chacun exclusivement une couleur. Tous les soirs, au moment de faire vos comptes, comptabilisez l'ensemble des quatre types de comportements réalisés dans la journée et ajoutez aux quatre pots la quantité de points éventuellement engrangés dans la journée. Ainsi, en contemplant d'un simple coup d'œil vos quatre gobelets, vous saurez à tout moment où vous en êtes et vous connaîtrez les tendances à travailler le lendemain : celles qui correspondent au gobelet le moins rempli.

Fiche thérapeutique 4

Trouver son maître

Rassurez-vous, il ne s'agit pas ici de se raser le crâne en se drapant d'une robe couleur safran. Trouver un maître consiste à se choisir une personne qui incarne spécialement la « qualité » qui suscite en nous incompréhension ou répulsion particulière.

Cette personne peut être méprisée ou haïe, membre de notre entourage ou personne célèbre, voire imaginaire. L'important, c'est qu'elle soit pour vous une figure marquante. La choisir comme maître, c'est faire de cette personne celle qui vous transmettra (parfois à son insu) les connaissance nécessaires pour apprivoiser le pôle qu'elle représente.

Il y a plusieurs manières de procéder :

• Si la personne est un membre de votre entourage, recherchez sa présence, prenez rendez-vous, observez-la discrètement et, si possible, posez-lui des questions.

• Si la personne est une personne célèbre, voire un personnage imaginaire, munissez-vous d'un portrait de cette personne et collez-le dans votre calepin. Ne tentez pas de rentrer dans la peau de ce personnage comme le ferait un acteur.

• Les questions à se poser sont les suivantes : qu'aime-t-elle ? Comment pense-t-elle ?, Qu'est-ce qui lui fait ressentir des émotions positives ou négatives ? En quoi croit-elle ? A-t-elle conscience de fonctionner de telle manière ? Comment vous percevrait-elle avec ses yeux à elle ?

• Vous serez arrivé à destination lorsque vous serez capable de rentrer dans sa logique en vous disant : « Oui, de son point de vue, elle a raison, elle est cohérente. »

Bibliographie

➤ Ouvrages sur la méditation

Y. Mingyur Rinpotché, *Bonheur de la méditation,* Paris, Fayard, 2007.

J. Kabat-Zinn, *A Full Catastrophe Living*, New York, Delacorte Press, 1990 ; trad. fr. *Où tu vas, tu es,* Paris, J'ai lu, 2005.

O. Rajneesh, *Techniques de méditation,* Paris, Éditions du Gange, 1992.

➤ Ouvrages de psychologie « grand public »

J. L. Young et J. S. Klosko, *Je réinvente ma vie. Vous valez mieux que vous ne pensez,* Montréal, Éditions de L'Homme, 2003.

J. Fradin, *L'Intelligence du stress,* Paris, Eyrolles, 2008.

C. André, *Imparfaits, libres et heureux,* Paris, Odile Jacob, 2006.

L. Leu, M. B. Rosenberg, *Manuel de communication non violente,* Paris, La Découverte, 2004.

➤ Site Internet

www.therapie-dialectique.net

Pour rendre à César...

Dans cet ouvrage consacré aux bases de la personnalité, il m'a semblé utile de faire un aveu sur l'un des aspects de ma propre nature psychique.

Dans le domaine culinaire, je suis incapable de suivre une recette sans y ajouter des modifications plus ou moins heureuses. Dans mon rapport au savoir, les choses sont encore bien pires puisque j'intègre des idées en les mettant à toutes les sauces, n'hésitant pas un instant à servir en dessert ce qui était supposé être une entrée en l'accompagnant d'un zakousky de provenance exotique. C'est plus fort que moi, pour me servir d'une idée, je suis obligé de la manipuler jusqu'à ce que je lui trouve une forme qui me paraît utile. Pardon pour l'orthodoxie des théories présentées dans cet ouvrage. L'orthodoxie n'étant pas ma spécialité, ma définition du respect au maître consiste à retravailler ses idées.

Pour aussi métissé qu'il soit, le modèle élaboré dans le présent ouvrage a été influencé tout particulièrement par certains auteurs qu'il serait malhonnête de ne pas citer.

Tout d'abord *Marsha Linehan,* spécialiste du trouble borderline et fondatrice de la thérapie comportementale dialectique (DBT) qui m'a convaincu que la gestion des émotions était essentiellement une affaire d'équilibre entre des paires d'opposés.

Ensuite, *Jacques Fradin*, fondateur de la thérapie neuro-cognitive et comportementale (TNCC), à qui j'ai emprunté la représentation en croix (que lui-même avait empruntée à Eysenk) ainsi qu'une grande partie de la substance du chapitre sur le respect.

Léopold Szondi, inventeur du test de personnalité qui porte son nom, auquel j'ai repris l'idée de présenter les pathologies dans ce qu'elles ont d'universel. Mon choix pour le recours à la notion de destin n'est certainement pas non plus sans rapport aux écrits de cet auteur.

Une foule d'auteurs dont je suis certain de l'influence sans trop savoir à quel niveau elle a agi : citons *Freud, Klein, Kant, Bailey, Blavatsky*…

Pour terminer par ceux qui me sont les plus chers, les deux instructeurs qui ont donné les assises à ma pensée et insufflé le désir de devenir moi-même auteur : *Ekkirala Krishnamacharya « E.K. » et K. Parvathi Kumar « K.P.K. »*.

À ces auteurs, j'adresse mes remerciements affectueux. Puisse l'élève que je suis contenter les professeurs qu'ils ont été pour moi.

« GUIDE POUR S'AIDER SOI-MÊME »

DÉJÀ PARUS

Suite

Je ne peux pas m'arrêter de laver, vérifier, compter. Mieux vivre avec un TOC.
Dr Alain Sauteraud.

L'Enfant surdoué. L'aider à grandir, l'aider à réussir.
Jeanne Siaud-Facchin.

La Dépression, comment en sortir.
Dr Christine Mirabel-Sarron.

La Timidité. Comment la surmonter.
Dr Gérard Macqueron, Stéphane Roy.

La Schizophrénie.
Jean-Louis Monestès.

Maîtriser son trac.
Dr Laurent Chneiweiss, Dr Éric Tanneau.

Mieux vivre sa sexualité.
Dr François-Xavier Poudat.

Mon enfant s'oppose. Que dire ? Que faire ?
Dr Gisèle George.

Pas de panique au volant !
Dr Roger Zumbrunnen.

« Peut mieux faire. » Remotiver son enfant à l'école.
Didier Pleux.

Pour aider votre enfant à retrouver le sourire.
Luis Vera.

Pour que votre enfant n'ait plus peur.
Dr Jacques Leveau.

Relaxation et Méditation.
Dr Dominique Servant.

Revivre après un choc. Comment surmonter le traumatisme psychologique. Dr Aurore Sabouraud-Seguin.

Soigner le stress et l'anxiété par soi-même.
Dr Dominique Servant.

Surmonter la peur en avion.
Marie-Claude Dentan.

Surmontez vos peurs. Vaincre le trouble panique et l'agoraphobie.
Dr Jean-Luc Émery.

Cet ouvrage a été transcodé et mis en pages
chez NORD COMPO (Villeneuve-d'Ascq)

N° d'impression : 20801
N° d'édition : 7381-2234-X
Dépôt légal : février 2009

Imprimé en France par EMD S.A.S.